# 高校学生管理工作与法治化研究

杨 潇 著



北京工业大学出版社

图书在版编目（CIP）数据

高校学生管理工作与法治化研究 / 杨潇著．— 北京 ：北京工业大学出版社，2021.4

ISBN 978-7-5639-7944-8

Ⅰ．①高… Ⅱ．①杨… Ⅲ．①高等学校－学生工作－研究 Ⅳ．①G645.5

中国版本图书馆 CIP 数据核字（2021）第 081966 号

## 高校学生管理工作与法治化研究

GAOXIAO XUESHENG GUANLI GONGZUO YU FAZHIHUA YANJIU

**著　　者**：杨　潇
**责任编辑**：郭志霄
**封面设计**：知更壹点
**出版发行**：北京工业大学出版社
（北京市朝阳区平乐园 100 号　邮编：100124）
010-67391722（传真）　bgdcbs@sina.com
**经销单位**：全国各地新华书店
**承印单位**：北京亚吉飞数码科技有限公司
**开　　本**：710 毫米 ×1000 毫米　1/16
**印　　张**：10.25
**字　　数**：205 千字
**版　　次**：2022 年 5 月第 1 版
**印　　次**：2022 年 5 月第 1 次印刷
**标准书号**：ISBN 978-7-5639-7944-8
**定　　价**：65.00 元

# 作者简介

杨潇，男，1982年生，湖南醴陵人，讲师，华中师范大学文学学士，现任玉林师范学院学生工作部（处）部（处）长、创新创业学院院长。长期从事高校学生教育管理工作，主要研究高校思想政治教育和学生管理工作，主持省部级课题2项、校级课题1项，参与省部级、市厅级、校级课题和高校思想政治教育工作项目多项，主编教材1部，参编教材、工作案例集2部，发表论文近10篇，指导学生荣获国家级、省部级奖项多项。

# 前　言

高校是培养人才的重要场所，高校学生管理工作直接影响着人才的培养质量，影响着高校和社会的稳定。高校学生管理工作法治化是高校推进依法治国、建设法治校园、实现高等教育现代化的重要举措。随着学生维权意识的不断增强，高校急需强化学生管理工作法治化建设，提升依法治校能力，提高学生管理工作队伍的法治化水平，增强学生的法律意识、底线意识，共同推进高校学生管理工作的法治化进程。

全书共七章。第一章为绪论，主要阐述了高校学生管理的内涵、高校学生管理工作的特点、高校学生管理工作的重要地位及核心问题、“互联网 +”时代高校学生管理工作面临的挑战与机遇等内容；第二章为高校学生管理的制度变迁，主要阐述了高校学生管理制度变迁的基本线索、高校学生管理制度变迁的主要轨迹、高校学生管理制度变迁的经验反思等内容；第三章为高校学生管理工作的现状，主要阐述了高校学生管理工作的历史沿革、高校学生管理工作取得的成绩、高校学生管理工作存在的法律问题等内容；第四章为高校学生管理工作理念的创新，主要阐述了高校学生管理工作理念创新的内容、高校学生管理工作理念创新的意义、高校学生管理工作理念创新的路径等内容；第五章为高校学生管理工作的模式，主要阐述了高校学生管理工作模式构建的原则、国外高校学生管理工作模式及启示、高校学生管理工作模式创新的路径等内容；第六章为高校学生管理工作法治化的必要性与可行性，主要阐述了高校学生管理工作法治化的必要性、高校学生管理工作法治化的可行性等内容；第七章为高校学生管理工作法治化的路径分析，主要阐述了学生管理法律和规范制定的建议、学生管理法治化实施的建议、学生管理法治化监督的建议、学生管理法治化保障的建议等内容。

为了确保研究内容的丰富性和多样性，笔者在写作过程中参考了大量的理论与研究文献，在此向涉及的专家学者表示衷心的感谢。

最后，限于笔者水平，加之时间仓促，书中难免会有疏漏，在此，恳请同行专家和读者朋友批评指正！

# 前　言

# 目 录

# 第一章 绪论

近年来，我国的高等教育事业实现了跨越式发展，培养了大量社会主义现代化事业需要的专业人才。但是，由于高校连年扩招、学生数量增长迅速，高校学生管理也面临着不少新的问题，亟须高校学生管理者总结经验、探索更为恰当的学生管理模式。本章分为高校学生管理的内涵、高校学生管理工作的特点、新时代法治思想对高校学生管理的要求、高校学生管理工作的重要地位及核心问题四部分。主要内容包括：高校学生管理的含义、高校学生管理的重要性、高校学生管理的内容、高校学生管理的方法等方面。

## 第一节 高校学生管理的内涵

### 一、高校学生管理概念的界定

关于现代管理学及其理论，1916 年法国著名管理学家亨利·法约尔认为现代管理是一个综合计划、组织、协调、控制各方面于一体的系统性过程。经过专家学者们多年的实践和研究证明，这个管理学的理论和观点基本是正确的，而且也成了定义管理学概念的基础。如今，单就现代管理的各种概念就有十余种，周三多认为，管理是社会组织为了实现一定的管理目标而进行的一系列管理性活动。

现在很多的论文和文献都在使用“学生管理工作”这一概念，但是关于学生管理工作的定义目前还没有一个权威的说明和描述，国内几部专门性的高等教育管理著作也没有对学生管理工作的概念进行系统描述。同时在关于学生管理工作大量的学术文献和期刊资料中，西南大学公共管理学院胡志宏在相关文献中对学生管理工作的概念进行了解释，他认为学生管理工作是针对学生采取的有针对性、有计划、有目的、有组织的一系列教育管理活动，管理内容包括学生的生活、学习、思想、品德、素养等各个方面。

学生管理是教学管理的早期延伸，它主要包括学生的学籍管理、报到入学与身份注册、成绩考核与记录的办法、学籍异动、考勤与在校纪律管理、在校期间的奖励与处分等。20 世纪 80 年代后期，我国的高等院校大多都设置了专门负责学生管理工作的具体部门，所以之前提到的学生管理工作中的招生工作、学生在校的考勤和思想教育工作、学生奖惩工作、毕业生就业工作和之后属于后勤相关部门管理的与学生生活息息相关的宿舍管理工作等事务，都陆续归并到学生管理工作部门（或称为学生处）的工作职责范围内。20 世纪 90 年代初，原国家教育委员会第一次将“学生管理”作为《普通高等学校学生管理规定》这份文件的关键词，并且指出“本规定所称的学生管理，是指对学生入学到毕业在校阶段的管理，是对高等学校学生学习、生活、行为的规范”。在这条规定提出前，我国高校学生管理工作中提到的“学生管理”就是指“管理学生”，是对学生日常行为的规范和纪律管理。学生管理，又称学生事务性管理，是指通过规范、指导、服务学生从而促进学生全面发展的组织活动。

学生管理有广义和狭义之分。从广义角度看学生管理，就是我们平时说的学生工作，主要内容有学生的思想政治教育、日常行为管理、学生成长管理、学生工作管理等。从狭义的角度看学生管理，更注重的是学生事务的管理，主要是学生日常事务的管理，比如班级建设与管理、新生入学管理、安全指导与管理、学生的职业规划管理等。高校学生管理是高校管理中必不可少的部分，高等院校学生管理工作的质量，会影响高校的发展与改革，影响高校在社会上树立的形象和高校培养的人才对社会的贡献能力等各方面。因此，做好高校学生管理工作，是时代赋予高等院校的使命和义务。

按照我国《普通高等学校学生管理规定》中的说法：学生管理是以培养人才为主要目标，在国家教育管理制度和教育方针引导下不断促进教学质量提升的一种管理行为。学生管理要求学校能够进一步规范管理行为，加强全面管理，不断创新管理手段和方法，提高管理质量和水平，进而更好地促进当代大学生的健康成才。

## 二、高校学生管理的含义

高校学生管理是高等学校管理工作不可缺少的组成部分，是指在特定的思想理论指导下，高校经过长期实践并逐步形成的开展各项学生工作的操作方法和思维模式。蔡国春先生将“高校学生管理”基本含义界定为：“是学术以外的通过课外活动或者其他非学术事务管理活动，对学生进行引导性教育教学，丰富校园生活的一种组织活动形式。”有学者专家认为，高校学生管理工作是指高校对于学生在校期间，对学生校内外的活动和学习进行规范协调、规划、组织和管理的总称，它是由高校学生管理工作者组织指导学生，按照各个院校制定的标准，有计划、有组织、有目的的进行学生思想教育、日常生活管理以及师生服务等工作，最终达到学生德、智、体、美等全方面的发展，使之成为中国特色社会主义现代化事业的建设者和接班人的过程。学生管理工作不是一项单一的工作，它是一项全面系统的工程，所涉及的具体内容包括学生管理工作中的方方面面。

简单地说，它主要是以对学生的思想政治教育为主导，以对学生学习的培养为核心，以学生学风班风建设为重点，以党建工作为主线带动各项工作发展。具体地说，它包含对学生思想政治教育、规范学生的日常行为、日常学习、生活扶贫解困、心理咨询、就业指导等诸多方面。

高等院校是教书育人的主阵地，是学生学习的关键场所，对学生的思想观念和人生规划等具有重要影响。只有坚持以学生为本的管理理念，才能协调好各方面的关系，更好地促进学生的全面协调发展。在高校学生管理中，要坚持学生的主体地位，在充分尊重学生的基础上更好地尊重和服务学生，让学生能够更好地学习和发展；要能够了解学生的想法，掌握学生的个性，通晓学生的情感，尊重学生的想法，不断发现学生身上的潜力与“闪光点”，按照学生个性因材施教，培养出具有创新精神的新时代大学生；同时学生管理工作的开展还要充分发挥学生的主观能动性，促进学生实现自我管理和相互学习，最大限度地发挥学生的自我管理积极性。

当前高校的学生管理普遍是通过制度对学生行为进行规范和约束，没有充分从学生的角度出发，很容易造成学生的逆反心理。现在我们希望学生能够成为高校的主人，希望他们在能享有可以享有的基本权利，希望他们能够得到高校管理工作者们的理解和尊重。以生为本要求高校学生管理工作者做到真正尊重每一个学生，不能因为学生的个性差异而区别对待，能够关注每一位学生在学习、生活上遇到的困难，关注学生的心理，尊重学生思想理念的差异，认真对待每一位学生提出的建议，从根本上解决每一位学生无论是生活上还是心理上的实际困难。以上这些都要求我们能够建立和完善目前的高校学生管理体系，更新学生管理的理念，创造一个良好的校园氛围，提供一个学生自我管理和自我教育的平台。

但我们要强调，尊重学生并不是任由学生自由发展，对于学生在校期间的违法违纪行为，我们要及时纠正，对学生错误言行举止进行批评、教育。对于学生，我们要从思想上关心他们，使大学生能有坚定的政治立场，能在思想上和党中央保持高度一致，坚定永远跟党走的决心和信心；从学习上关心他们，让他们能够通过思想引导和专业教育，加深对学习的兴趣与自我规划的能力，树立长远的学习目标；从生活上关心他们，让他们享受到国家针对大学生设立的各项优惠政策，学校也要创造良好的环境让大家感受到学校的温暖。良好的校园文化氛围是学生成长、成才的必备条件，高校学生管理工作者应根据学生自身发展的需要，时刻关心他们的成长，多鼓励学生参加活动，为学生成才搭建各种平台。这样学生就能不断地在思想上提升自己、在学习中充实自己、在生活中完善自己，为他们的目标实现、自我提升和全面发展奠定扎实的基础。

作为高等院校本身，要坚持从学生中来到学生中去的管理理念和思想，并将这种思想理念落实到管理的每一个细节，使学生管理真正地服务于学生，而高校在学生成长学习的过程中要充当好服务的角色。与此同时，我们必须认识到，管理不仅仅是服务，管理也在培育人才。这就对高校学生管理者提出了新的要求，要求尊重个体差异，激发学生的创造力，为学生构建良好的校园文化平台，营造良好的学习氛围，从学生的实际生活学习需求出发，关心学生生活学习的各个方面，并将所有的管理措施落到实处，切实服务于学生，为学生办实事，为学生提供更多生活和学习方面的帮助。

高校学生管理工作应坚持以学生为本，从管理艺术的角度出发逐步建立起公平公正的竞争环境，在学生与学校管理者之间建立相互平等的良好关系，既要做好日常的行为管理工作，又要处理好与学生之间的关系，管理者需注意管理的方式方法，减少矛盾发生。高校学生管理只有从学生主体出发，才能真正地为学生着想，更好地去帮助和引导学生，鼓励和促进学生更好的发展。学生的健康成长和发展离不开管理者的正确引导和鼓励，有时候多一点理解关心胜过训斥说教，方法有时候比实际管理行动更重要。各个高校要加强对学生的全方位管理，注重素质教育，给他们构建自我展示的舞台，发挥学生民主，让学生自觉自愿地参与学校规定的各项工作，激发学生的创造力，提高学生的积极性，赋予学生强大的责任感，使学生实现德智体美的全方位发展，成为国家和社会需要的高素质的全面人才。所有这些工作目标都是高校学生管理工作内涵的具体体现。

## 三、高校学生管理的相关理论

### （一）激励理论

从20世纪30年代开始，管理学的行为科学理论就得到了很好的延伸和发展，并在激励理论的基础上得到了更广的应用和延伸。现代激励理论经历了从激励内容到激励手段、激励方法的发展过程，并在探索和实践中得到了更好的发展。同样过程型激励理论是指着重研究人从动机产生到采取行动的心理过程。根据激励理论的要求，激励具有促进社会交往和人际关系、激起创造的欲望、健全人格等作用。期望论属于过程激励理论，在研究中弗鲁姆发现人在很多时候的行为都源于对某种行为结果的期待程度，当期待的强度越大时就会做出更多的努力，其基本模式为：激励 = 效价 × 期望值。

从以上模式可以看出，当行为目标确认后能够给人一种行为激励，如果行为目标很容易实现，那么就会产生一定的激励效果，而如果行为目标要求过高，那么产生的激励效果就不会很好，个人的积极性也会受到一定的影响，因此行为激励就是要能够提升他们的期望值。

### （二）人本管理理论

人本管理，是以人为本的管理的简称。人本管理往往把人作为考虑问题的根本，因此也可以称为以人为根本的管理。早在 20 世纪 30 年代，很多西方的企业就把人力资源和企业的员工作为重要的管理资源，通过发挥人力资源的优势可以更好地完成企业的管理工作，通过对员工能力的合理分配和安排，以达到最佳的工作效果。企业的管理和员工价值的发挥密切相连，根据早期马斯洛的需求理论，企业文化、企业管理以及企业人力资源管理之间可以通过一定的方法进行衔接和应对，通过一定手段和方法可以很好地调动员工的工作积极性，使员工实现最大的价值。我国著名的管理学家陈怡安教授曾经把人本管理归纳为三句话：“点亮人性的光辉；回归生命的价值；共创繁荣和幸福。”

而人本管理对于高校学生管理而言，主要是要求高校学生管理做到区别于传统的以物为中心的物本管理，要求高校开展学生管理工作既要依靠原则规定、制度约束、规范管理等硬性手段，更要通过培养、调动和锻炼学生的情感、意志、思想等方法来加以完善，这就从人本的角度对目前的高校学生管理工作提出了新的要求。同样，在高校开展学生管理信息化的过程中，更要注重以人为本的管理理念，学校各级管理者首先应该树立“以人为本”和“管理育人”的理念，积极创造民主、自由、平等、有效的育人环境，制定和实施正确的管理政策、措施。在开展学生管理信息化过程中要把学生当作学校管理之本，强调以学生为中心，特别要重视学生作为青年人的特征，充分尊重他们的爱好和兴趣，最大限度地满足他们的种种合理需要，从根本上保证学生的基本权益和利益，充分鼓励学生发展自我特性，切实服务学生。

### （三）目标管理理论

从 20 世纪 50 年代开始，美国的管理学专家就提出了目标管理理论。目标管理理论的内容主要包括三个方面，以下是简单的分析。

1. 更加注重结果的管理

它是根据管理的结果，对学生进行评价的一种方式。管理的效果和质量直接关系到高校的管理水平，同时也让考核变得更加具有价值。

2. 更注重目标管理体系的建立和分层次管理

管理层作为管理体系的核心，对整个管理体系进行管理。将高校管理的整体目标分为各个小目标，通过各个部门的目标划分对目标进行分解性管理，然后再将部门目标分解到每个人，通过分层次的管理，保证管理目标的实现。

3. 目标管理更加注重对人的管理，重视人对管理的影响

目标管理中注重学生的自我管理，这种管理更注重学生的参与度和民主性，因此目标管理理论也是一种民主性的管理理论。如果将目标管理理论应用在当前高校的学生管理工作中，可以更好地贯彻落实以人为本的科学发展观，将学生作为教学管理和教育管理的核心和主体。通过分层管理可以更好地提高高校管理的质量和效率，通过鼓励学生参与管理和主动参与，更好地贯彻落实高校管理目标。因此，目标管理理论是当前高校管理理论的重要方面。

# 第二节　高校学生管理工作的特点

## 一、新时代高校学生的特点

### （一）价值观特点

当下的高校学生都成长在改革开放的新时期，与之前环境下成长的一代人有十分明显的区别，其中最主要的原因是社会思想多样化，使这一代学生的思想价值呈现多元化趋势，这从目前高校学生的一些行为就可以表现出来。比如，许多学生在性格上表现出标新立异的特点，在兴趣爱好、人生理想、个人追求上都表现出很大的差异性。在互联网的普及下，学生通过社交网络能够接触到

不同的思想和价值观念，这对处在生长发育时期的青少年学生产生了很大影响，这种多元化的价值观在高校学生的学习和生活中表现得更为突出。学生的这种思想状况对高校的学生管理产生了很大影响，使高校学生管理工作更加困难和棘手。

### （二）生源特点

1. 缺乏基本的社会经验

当下高校学生大多是独生子女，物质条件相对充裕，在进入高校学习之前，大多没有独立生活的经历，缺乏基本的社会实践经验，缺乏必要的独立生活能力。进入高校之后，每个学生既是高校团体的一员，也是社会独立的个体，由于缺乏社会经验，缺乏自我保护能力，一旦接触到不良事物，可能会对他们的个人生活和身心健康造成损害。

2. 学生的学习和生活方式发生改变

随着信息技术的不断提升，互联网在社会生产生活中的普及程度提高，高校学生已经完全处在信息网络化的生活状态下，大学生的学习和生活已经完全离不开互联网。高校学生作为青年群体，是网络使用的主要人群，在网络环境下，学生的学习和生活方式发生了很大变化，学生越来越习惯于网络的虚拟社交，尽管这在一定程度上扩大了学生的社交范围，但却使他们正常的社交能力退化。在学习上，互联网新媒体的信息传播方式丰富了多种学习形式，为学生的多元化发展提供了良好途径，但却对传统课堂教学造成了冲击。

## 二、高校学生管理工作的特点

伴随着我国高校进入快速发展阶段，学校在教学计划、培养目标、国际交流、社会实践等方面的改革，使学生得到了全面发展，高校管理水平得到了提高和改善。此时的学生管理工作主要突出以下几点：

### （一）实践性

高校学生管理工作的宗旨是在实际工作中解决具体的学生问题，高等教育的最终目标是能够培养出具有高素质、高质量的对社会有贡献的人才。为适应时代的快速发展，学生管理工作的内容、形式、手段也在不断革新，新型的管理模式不能只是高谈阔论，还应该在实际工作中运用并进行检验，不合理的模式得到进一步改善，先进的、科学的管理方法则要坚持运用并加以改革，以更好、更快地适应不断变化着的学生群体和社会环境。

### （二）及时性

学校的学生工作具有突发性的特点，管理者要迅速反映、及时到位，彰显时效性。管理人员要准确掌握信息，及时处理，不能延误。特别是在当今信息时代，事件的传播和影响有时会超出所能控制的范围，所以要把问题处理于萌芽阶段。如果在学生管理工作中发生的问题没有得到实际的解决，对学生、学校都会产生不好的影响。

### （三）服务性

如今大学生对管理人员有很强的依赖性，许多事情不知道如何解决；同时学生管理工作的范围在扩大，管理的职能在增加，高校学生管理单位应积极做好服务工作，满足学生需要。

### （四）政治性

一直以来思想政治工作都是高校学生管理工作的重点，这一特点有历史原因也有社会原因。我国高校学生管理工作起源于学生政治工作，当时学生管理工作的主要任务是辅导学生政治学习和政治活动。改革开放以来，我国高校学生管理工作有了较大的发展，逐步确立了相对独立的地位。

近年来，随着我国社会的发展变化，高等教育领域的改革不断深化，高校学生管理工作发生了重大变化，学生工作的内容开始由强调学生思想政治工作，向着注重将学生思想政治教育与学生事务管理有机结合的方向转型，但学生工作的思想政治性从未改变。当代大学生思想活跃，但阅历不深，社会的不良面和阴暗面会钻空子，因此培养和提高学生政治觉悟，关注学生思想教育，才能促进学生健康成长。

## 第三节　高校学生管理工作的重要地位及核心问题

### 一、高校学生管理工作的重要地位

近年来，我国高校招生规模连年攀升，但学生工作人员数量和硬件规模很难与招生人数达到平衡，教师与学生比例严重失调，给高校学生管理工作带来巨大压力。为了保障高校能顺利地为社会输出优质人才、适应当代大学生素质教育的要求，我国高校必须重新审视学生管理工作，以全新的、科学的角度定位学生管理工作。

## （一）高校学生管理工作与党务工作密不可分

目前，我国的学生管理部门都归属于党委领导，只有实行党委领导，才能使高校的思想政治教育获得更大的保障，同时可以在思想政治方向上指导和引领学生，促进高校学生管理工作稳定发展，保障社会和谐进步。因此，要想使大学生在政治上跟党走，必须在管理上和党同行。

## （二）高校学生管理工作与教学工作紧密相连

培养人才、发展科学文化与社会服务是《中华人民共和国高等教育法》中规定的教育职能，三者是并列、相互交叉的关系，这三点组成了高校学生管理工作的整体。其中培养人才是重中之重，高校的学生工作和教学工作都是其坚强的后盾和有力保障。但有些高校只把重心放在追求教学质量上，以教学为中心，忽略了学生管理工作在保障教学开展和教学质量方面的巨大作用，无法输出适应社会需求的人才。

现代的学生教育具有多重性，既有隐性也有显性。在社会快速发展的今天，必须加强显性和隐性教育的力度，二者相互促进，相互作用，相互带动。显性教育一般是学校计划内的教学课程，使学生学到基础知识、扩大视野；隐性教育是指学校布置的教学计划以外地对学生起到教育和引导作用的内容。两者的共同之处在于都是对学生的教育引导，二者密不可分。教学工作和学生管理紧密相连，对学生的成长成才都起着巨大的推进作用，在全球经济快速发展的今天，为培养综合素质较高的人才提供了应有的服务、承担了应尽的职责。教学工作和学生工作相互依存，密不可分。

随着我国教育、经济、社会的不断发展，高校学生管理工作的地位也相应地发生变化，高校学生管理工作已由传统的管理学生向新型管理转变。传统的学生管理着重对人的管理，而新型的学生管理更注重教育、管理、服务一体化，站在学生的角度，从学生的实际利益出发开展工作。教育是指把对学生进行的思想政治教育和日常教育进行结合，把国家学校的思想理念、正确的观点、正确的行为准则渗透到学生心中，使学生向着国家、社会还有学校所希望的目标发展、成才的过程，旨在让学生树立正确的观念，坚定爱国主义信念，由外在教育向自我教育转化。管理的最终目的是学校根据规章制度和教学计划对学生加以规范，让学生服从管理，从而配合教育教学。服务是指为了使学生成为合格的社会主义人才，从学生的角度出发，制定各种服务政策和帮助政策，三者相辅相成，缺一不可。服务是对学生教育和管理的一种升华，先进的学生管理思想离不开服务育人的观点。各高校应树立以生为本的管理理念，重视学生工作，尊重学生本身，构建和谐的校园环境和师生关系。高校的学生管理工作是一项艰巨的、持久的工作，重视服务也不能忽视脱离教育和管理，如果学生没有受到良好的教育是无法树立正确的世界观、人生观和价值观的，那就无法开展教学工作，无法进行正常的学生管理。同时，管理也是教育的保障手段和有效措施，只有结合管理进行全方面教育，才能看见效果，达到理想的教育目标。教育是培养人才的一种方式，管理是其中的一种手段，服务则是更高层次的开展学生管理工作的一种工作的形式。

## 二、高校学生管理工作存在的主要问题

### （一）高校学生管理工作缺乏创新

高校学生工作必须结合当代大学生的生理与心理特点，要符合教育规律和大学生成长规律，通过落实以学生为中心的管理理念，引导大学生充分发挥自身主观能动性，创新管理方法，增强高校学生管理工作的效果。但是，在部分高校的学生管理工作中，尚存在着管理理念陈旧、管理方法缺乏创新等问题。在有的学生管理工作中，由于缺少其他元素的配合协调，特别是没有调动学生参与管理的积极性，无法实现高校学生的自我教育、自我管理以及自我监督，影响全员育人、全过程育人、全方位育人的效果。

### （二）高校学生就业管理工作存在问题

影响高校学生就业数量与就业质量的因素主要包括三个层面，即学校层面、教师层面和学生层面。

1. 学校层面

（1）专业设置与市场需求匹配度不高

高校学生所学的专业直接与毕业生就业相关联，若毕业生所学专业符合社会经济发展需求，则应聘到合适的目标岗位就比较容易；反之，若其所学专业和市场需求不符，则会造成就业难、就业率低等问题。

（2）师资队伍建设投入不够

我国高校教师结构复杂，并且学校在师资队伍建设上的投入不够，导致教学效果和学生培养质量得不到有效保证，使毕业生在激烈的就业竞争中处于劣势。

（3）校企合作深度有待进一步提升

深入产学研合作教育，加强学校与企业的实质性合作，是解决高校毕业生就业质量问题的关键。学校与企业之间实现深层次合作的基本要求在于将以下

几个方面进行有效融合：专业理论知识与企业岗位实践有效融合；课程理论知识与企业的生产、研发以及销售现状有效融合。通过学校与企业之间的、基于实际展开的一系列合作，以期能够在实践中培养学生运用所学知识解决实际问题的能力，提高综合职业素养与就业竞争力。然而，大多数校企合作经验不足，加之部分领导对此项工作未能给予高度重视，导致校企合作深度不够，未能达到预期效果。

2. 教师层面

由于部分教师自主学习意识不足以及学校对教师培训学习的重视度不高，导致一些高校的教学理念与教学模式得不到实时更新，影响了教学工作效率的提高与管理质量的改善。同时，部分高校的管理者追求短期经济效益最大化，不注重对教师职业技能的培训与提升，所配置的学生管理机构在人员素质与管理水平等方面存在不足，影响办学质量。

随着社会的发展，学生的身心也在发生巨大变化，学校管理制度应该与时俱进，在吸收借鉴现存管理制度可行内容的基础上，积极创新，对相关管理人员进行适当的培训指导，坚持“引进来”与“走出去”原则，优化相关管理制度。然而，通过对现阶段高校的教师进行分析，部分高校教师遵循传统的管理方法，缺乏现代化的学生管理理念与经验，并且自主学习能力较弱，与时代发展的新要求不符，也不符合时代的发展的要求。

另外，部分高校选聘的学生管理人员，人事关系得不到解决，其在薪资、福利待遇、职称评定等方面不具备优势，导致其对高校缺乏归属感，影响其工作的积极性，进而无法给学生提供优质的就业服务与教育指导。

3. 学生层面

高校整体的生源层次较为复杂，导致部分高校毕业生在文化基础、学习能力、学习态度以及思想素质等方面存在不足，最终会影响毕业生就业质量。

同时，就业竞争本质上是求职者综合能力的竞争。高校学生的学习能力、专业基础和综合素养客观上存在较大差距，为了持续保持竞争优势，他们需要提升综合能力。

### （三）高校学生档案管理工作存在问题

近年来，包括职业教育在内的我国整体高校教育都处于高速发展期，为国家和社会培养了大批高学历实用型人才。随着高校学生人数的不断增加，基于档案管理范畴下的高校学生管理工作的重要性就日益凸显出来，其中存在的各种各样的问题和矛盾也随之显现。

1. 缺乏有效的管理理念

首先在高校学生的档案管理工作中，部分高校仍沿用传统的管理理念，档案管理工作人员缺乏全局性思维和服务性思维，使学生档案管理工作一直被忽视。其次，档案管理工作人员的主动性不强，严谨性不够，对待具体而繁杂的资料收藏整理缺乏耐心，从而导致学生档案资料在建档、归档、检索及使用的过程中出现信息错误、资料不齐全和更新不及时的问题。甚至存在部分档案管理工作人员还片面简单地认为，学生档案管理工作就是简单的学生信息收集、分类，归档和储存简单管理过程，管理思维仍旧停留在被动管理的层面，缺乏充分有效地利用档案资源对高校学生进行更有针对性的管理服务的工作理念，造成学生档案信息资源未能充分地发挥作用。

2. 高校学生对档案的认知较少

学生对于档案重要性的相关认知不足，对档案漠不关心，有的甚至毕业多年，档案仍然放在学校，或者丢失损坏，导致在参加工作时面临诸多麻烦。

3. 高校学生档案管理制度不健全

现阶段，一些学校并未形成一套健全而规范的学生档案管理制度，在进行学生档案管理中运用的方法较为陈旧落后。部分高校对学生档案管理工作的重视程度不高，没有聘用专业的管理人员，管理工作从本质上不能达到较高的管理水平。管理效率以及管理规范程度较低，对学校的管理工作以及学生档案的保管工作带来较大的影响。

4. 缺乏管理人才及技术支持

档案管理人员是实施档案管理的主体，其自身素养及业务水平，直接影响着档案管理工作的成效与质量，进而也影响其育人功能的实现。互联网信息时代，大学生的档案信息非常丰富，学生档案的录入工作相当烦琐，而部分高校没有有效结合互联网的优势，没有充分利用高科技设备为学生建立完善的电子档案管理系统，不能顺应时代的发展需求，使学生档案管理弊端显露，降低了整体的管理水平。

### （四）传统管理模式无法适应当代高校学生管理

传统的学生管理模式经过长期的积累产生了一些值得保留和借鉴的管理方法和手段，但是随着社会不断发展进步，传统的学生管理模式渐渐无法适应学生工作的需求和变化。管理者是学生管理工作的主导者、指挥者，在高校学生管理中管理者认为自己是指挥官，学生是被指挥者，在这样陈旧的管理理念引导下，产生很多负面反响。传统的学生管理模式追求的是管住学生、别出问题，采用“管理、管理、再管理”的方式对待学生的学习和生活；更有甚者，他们认为学生管理者是画家，学生都是他们的画纸，他们可以任意以自己想象的方式创造作品，只凭自己主观愿望，对学生总是以命令的口吻，不断重申自己的权利和地位，时刻提醒学生该听从摆布。正是这种强硬的管理方法，激发了学生的过激行为和叛逆情绪，造成了很多不良后果，给学生带来严重伤害。

总之，强压式管理方法，只懂指挥，不懂引导，与学生沟通少，不能及时发现学生存在的问题，出现问题后才去解决，这是学生工作效果差、效率低的主要原因之一。学生管理工作者应适应环境发展，学习新的、科学的管理方法，提高学生管理工作效率。

### （五）网络环境中学生管理工作难度加大

随着网络技术和信息技术的快速发展，网络在高校中得到了广泛普及，网络信息技术的应用，给大学生的学习和生活带来了极大的便利。在网络技术的应用中，安全问题是值得关注的问题，很多高校在信息化建设过程中，投入了很多的资金，购买了充足的终端设备，加强了对学生的管理，但在实践教学中，一些大学生缺乏一定的自律能力和辨别能力，很容易沉溺于虚拟的网络世界中不能自拔，还容易受到一些错误网络思想的影响和诱导，出现一些极端的言行，走上了错误的发展道路，甚至荒废学业。

因此，在高校学生管理工作中，一定要加强对学生的引导和教育，让大学生树立正确的网络意识，合理地使用网络资源，促进他们更好的发展。

### （六）高速发展的时代网络迅速普及和产生的负面影响

当今社会是信息化的社会，世界的距离因为互联网的存在而缩小，互联网对大学生的学习、生活及思想观念产生了广泛而深刻的影响，并改变着大学生的生活、学习方式。学生管理工作者可以通过网络了解其他高校的学生管理工作情况。但由于网络世界的交往是自由的、交互的、无极限的，很多学生受色情网站与网络游戏等不健康信息的冲击，过度的沉溺于虚拟世界不能自拔，甚至，有的学生因为网络影响思想发生了变化，高校学生管理工作不仅更加复杂和多变，高校学生管理工作的难度也空前增大。

### （七）学生管理队伍无法保障学生管理工作有效开展

高校学生管理队伍人员配备不足制约着学生管理工作的成效，给高校学生管理工作带来了巨大难题。首先，高校学生管理人员在各基层部门的分布不够科学、均衡，工作量较高，在有限的时间和精力范围内无法高效率地开展工作。而且一些学生管理基层工作人员是本科学历，知识储备和综合能力与高校学生管理工作需求不相适应。其次，高校学生管理工作者中那些年龄相对较小，社会阅历和人生经历较少的人，在与学生沟通和交流的过程当中欠缺经验，不够老练，这使学生管理工作效率大大降低。

高校的学生管理工作错综复杂，都是细节工作，更是重点工作。由于很多高校学生管理的方法缺乏科学性、合理性，没有重视服务管理，使学生管理者身陷困境，疲于事务性管理，过于注重形式，很大程度上影响了学生管理工作队伍的工作水平。

## 第四节　“互联网 +”时代高校学生管理工作面临的挑战与机遇

### 一、挑战

#### （一）多元、开放的互联网环境对学生思想观念的影响

互联网本身就是一个开放化的生态系统，“互联网 +”时代最为显著的特征就是信息开放性、文化多元性，而处在这种互联网环境下，高校学生虽然能够获得便利，但也会受网络不良思想与价值观的影响，加大高校学生管理工作难度。

首先，在复杂的互联网环境下，存在各式各样的文化形式、信息潮流以及思想观念，而高校学生正处在三观形成的重要阶段，若错误的思想观念涌入高校会使高校学生思想观念产生偏差，甚至还会弱化主流意识形态，进一步加大高校学生管理的难度。

其次，“互联网 +”环境下，学生开阔了视野，接收信息的途径变多，高校思想教育导向性、说服力明显减弱，学生管理人员对学生具体思想动态形不成良好把握，不利于高校的学生管理。

#### （二）传统管理模式无法适应互联网时代发展

在“互联网 +”视阈下高校传统学生管理模式也有不足之处，例如管理模式混乱、管理体制僵化、管理环节冗杂等，导致高校相关职责部门出现界限模糊、信息沟通反馈滞后等情况，学生管理工作效率自然变得低下。传统模式下

的高校学生管理工作，大多以严格的管理制度、单项化的管理模式展开，学生只能被动接受管理。而新时代学生自我意识较强、个性突出，处在这种管理模式下的学生很容易产生抵触心理，不利于学生管理工作的顺利开展。

1. 管理对象“特殊性”

目前的高校中，大部分学生已经是00后，他们是在信息化和互联网时代成长起来的一代人，也是思维活跃、个性鲜明，喜欢打破传统和标新立异，对新鲜事物和新知识更能快速接受的一批人，这些“特殊性”对学生管理提出了较高要求。

2. 学生管理工作的信息化对工作人员专业素养能力提出更高要求

为了更加方便和快捷地掌握学生管理的各项动态数据信息，许多高校依托互联网大数据资源建立起符合本校情的学生管理平台或者软件APP。而这些种类繁多的学生数据信息资源的准确录入、实时更新管理与运营监控、日常工作的信息化和网络化工作模式对工作人员计算机操作水平、数据化思维与分析能力都提出更高的要求。

3. 毕业生就业面临更大挑战

2020年，我国高校毕业生的数量达到874万，加上新冠肺炎疫情全面影响社会经济背景下，高校毕业生就业工作难度骤然提升。高校一直以来都是社会技术性和专业性人才培养的重要基地，高校毕业生找不到工作，不仅不利于学生本人发展，也不利于社会和谐稳定，同样会给全社会安全带来潜在的不稳定性影响。

4. 网络安全问题

随着互联网信息技术的发展与普及，各种新兴网络技术和软件给高校师生带来方便快捷的同时也存在一定的网络安全隐患。例如，学生与教师员工个人隐私信息的安全储存问题，种类繁多的网络资源与海量数据真伪辨别问题，各种工具软件下载带来的信息安全漏洞如密码泄露、手机监听、隐私暴露问题等。

## （三）社会主流文化认同感及学生管理者权威降低

新媒体在高校的使用和普及打破了传统管理方式中由上而下的局面，互动交流成为主要形态。相对于单向灌输式的教育和管理，学生会优先选择新媒体的双向沟通方式，这虽然增加了高校学生言论发声和获取信息的渠道，但让管理者的权威地位有所降低。

在传统的教学中，老师和管理者是处于权威地位的，学生更多是倾向于以老师为中心来参与学习活动，新媒体日新月异地发展让学生通过网络便能获取信息，这导致老师的地位有所下降，管理难度加大。另外，由于新媒体具有传播速度快、范围广的特点，部分学生会通过匿名的方式来传播负能量，或者片面地攻击老师，学生管理者的权威大大降低。

## 二、机遇

“互联网+”视阈下高校学生管理工作不仅有挑战，也有全新的发展机遇，具体表现在以下几点：

### （一）大数据技术提高学生信息收集能力

1. 通过信息碎片掌握学生动态

传统的学生管理工作只能通过辅导员对学生的了解与跟踪来落实各项工作，但这种管理方式往往会出现信息片面性的问题，会导致信息过于集中而无法实现对学生系统的认知。

在大数据时代下，为保证在学生管理工作中能够全面获取学生的信息，可以利用大数据技术对学生生活、学习中产生的各类数据进行收集与分析，制定更贴合学生需求的管理模式。而且，数据的收集工作并不会影响学生的日常生活与学习，因为它可以在学生不知情的情况下运行，相较过去的一对一辅导或者是调查问卷等方式，这可以有效缓解学生的心理压力，并且也能保证数据的收集更加真实有效。

2. 通过数据分析提供专项服务

时代的发展与进步对人才的需求会产生变化。当前，时代发展的特性对人才的需求已经由过去的知识技能型人才转变为综合素质技能型人才，而且人才自身要具有创新力和个性意识，这样才能符合多元化时代的需求。但是，在传统的教育管理模式下，人才很难实现个性化发展，为有效改变传统学生管理模式带来的弊端，并以个性化服务为基础来创新管理模式，这需要在大数据技术的有效支持下，对学生的信息数据进行收集与挖掘。通过大数据技术能更快找到学生的兴趣爱好以及发展倾向，并分析学生的优势潜能，从而在管理工作中实现以学生为基础提供个性化管理服务。同时，通过大数据技术的应用，也能够有效优化当前的教育资源，为学生寻找合适的发展路径，以数据为基础为学生规划人生道路。

3. 通过数据分析预测学生行为

大数据技术的有效应用，能够预测学生的行为变化，掌握学生的心理状态与学习状态。在过去的管理模式下，学生管理人员也要掌握学生的各类情况，但此项工作具有非常高的难度，学生管理人员只能通过学生的表象进行辅导与管理。现在，通过数据分析就能监测学生的心理健康状态，能够有效避免部分学生由于无法适应环境而产生的极端现象，还能以数据监测为基础，防止学生在相处进程中发生的不良事件，有效规避校园不良事件的发生。

4. 通过技术维护保护学生安全

大数据时代，学生的生活轨迹和网络轨迹都十分明显，随着通信资料完整度的不断提升，学生的成绩、生活情况等内容其实都会被大数据技术所记录，而且校园网络的建设也使网络局域十分固定，学生的信息很容易就会被查到。对此，在高校学生管理工作中，要注重以大数据技术维护、升级为基础，保障学生的信息安全，从而进一步防止信息泄露等不良问题的发生。

### （二）微信公众平台的应用

近年来，高校微信公众平台应用场景逐渐增多，这就要求高校学生管理人员也要与时俱进，充分利用微信公众平台的优势，将学生的相关信息、学校活动信息、管理信息等在平台内发布，利用微信公众平台的功能，实现对学生的及时管理，提高学生管理的效率、质量。

1. 有助于丰富高校学生管理工作平台

在微信公众平台中，学生管理人员与学生沟通更方便，学生的喜好更容易捕捉，思想引导和心理解压可随时随地进行，为学生管理工作提供了便利。在微信公众平台内，学生的需求、疑虑、建议等都可以与学生管理人员随时沟通学生更能接受这种网络教育形式。因此，微信公众号育人平台的作用和意义很大，具有较强的感染力和亲和力。

2. 有助于加强学生管理人员与学生间的沟通

微信公众号平台可以发布、推送学生喜爱的内容，也可以推送社会焦点信息，增加学生的关注度。在平台内，学生管理人员可以随时掌握学生的思想动态、心理变化，从而及时发现问题，及时解决学生的生活、学习、心理难题，形成积极、向上、健康、文明的交流环境。

### （三）提高学生管理工作亲和力

“互联网 +”视阈下高校师生具有良好的交互性，他们交流与互动频繁，互动形式多样化，有助于打破高校师生相互之间的主客关系，而这种平等、包容、开放的互动模式也有效缩短了师生之间的心理距离有助于学生管理工作的顺利推进。

### （四）丰富高校学生管理工作素材

互联网时代本就是一个信息爆炸的时代，在这种时代背景下，高校学生管理工作能够获得丰富的信息资源，高校学生管理人员可以直接在网络上收集与学生相关的信息与资料，基于此来了解学生思想动态变化，从而有助于学生管理工作顺利开展。

### （五）提升高校学生管理信息传递时效性

在“互联网＋”视阈下，信息传播即时性是互联网最为显著的特征之一，高校学生管理活动要想顺利开展，自然离不开信息获取、传递，而互联网在这一方面则有着得天独厚的优势。近几年互联网技术发展十分迅猛，信息交换也突破了时空限制，这也为高校学生管理工作信息传递提供了良好的环境，进一步提升了高校学生管理信息传递时效性，从而帮助高校学生管理工作人员有效把握学生思想动态，提升管理工作效率。

# 第二章　高校学生管理的制度变迁

高校学生管理制度变迁的主要轨迹分为改革开放前的制度探索期、改革开放后至20世纪末的制度形成期以及进入21世纪后的制度法制化时期。站在高校学生角色变迁的角度，不同时期高校学生管理制度均主要涉及三个核心问题，即高校人才培养的目标定位是什么，高校与学生法律关系以及高校学生受教育权保障的核心是什么。本章分为高校学生管理制度变迁的基本线索、高校学生管理制度变迁的主要轨迹、高校学生管理制度变迁的经验反思三部分。主要内容包括：探索期，改革开放前的高校学生管理制度；形成期，改革开放后至20世纪末的高校学生管理制度等方面。

## 第一节　高校学生管理制度变迁的基本线索

### 一、探索期：改革开放前的高校学生管理制度

从新中国成立初期到1965年前是百业待兴的时期，这个时期高等教育开始进行全面的改革，为创建社会主义高等教育体系奠定了基础。这一时期，我国高等教育主要经历了三次较大的调整：第一次，1949年—1957年，我国高等教育办学和管理体制的创建时期；第二次，1958年—1960年，“大跃进”时期的三年“教育革命”；第三次，1961年—1965年，我国国民经济调整时期。

第一次调整一般指从1952年开始的院系调整，就是为了适应有计划、大规模的社会主义建设，对新中国成立前留下来的205所高校进行的调整。第一次调整是在新民主主义到社会主义过渡的背景下进行的。新中国成立之初，我国各项事业百废待兴，为了使国家尽快走上正轨，各项事业的调整在国家的规划与统筹之下顺利进行。

与此同时，我国的高等教育事业也进行了大幅度的调整，高校学生管理制度也随之变革。1949年12月23日至31日，教育部召开了新中国第一次全国

教育工作会议，主要讨论了如何对旧教育进行改造的问题。1950 年教育部又召开了第一次全国高等教育会议，这次会议的主要贡献有：确立了新中国高等教育的方针；规定了新中国高等教育的方法；确立了对待私立高等学校的政策；通过了一系列有关高等教育的规程和办法。

在这个时期，教育部出台了一系列有关高校学生管理的制度，这些制度主要围绕学生的学籍而展开，在育人目标上体现出典型的社会本位论，高等教育的办学完全依照国家发展的实际需要进行。其主要特征是：仿照前苏联高校模式，按照行业归口建立许多单科性学院，综合性大学由新中国成立前的 55 所减为 15 所，单科性院校占高校的 92%，而且是以工科院校为主；高等学校全部收归国家举办，统一由中央各部委和高教部管理；高校主要集中于京津、沪宁、沈阳、西安、成渝、武汉等各大行政区领导机关所在地。①

第二次调整，在国家扩大地方管理权的行政和经济管理体制变革的过程中，高等教育事业的管理权也下放到地方。权力下放对改变高等教育办学和管理权限过于集中的状况、发挥地方办学的主动性起了很大的作用。但是由于地方缺乏管理高校的经验，又没有教育法律法规进行指导和约束，产生了高校数量猛增，师资匮乏等问题，高等教育质量严重下降。

第三次调整，是我国国民经济调整时期。在总结前两个时期高等教育办学和管理体制改革经验教训的基础上，中共中央、国务院于 1963 年 5 月 21 日颁发了《关于加强高等学校统一领导、分级管理的决定（试行草案）》。决定明确规定：“对高等学校实行统一领导，中央和省、直辖市、自治区两级管理的制度。”同时，对两级如何分工管理做了具体规定。这次调整确立了中央和地方两级管理制度的形成，并兼顾了地方经济发展的需要，进一步调动了中央和地方办学的积极性，但是，因为政府对教育的越位，导致学校的办学自主权受到了限制。

在这一时期，虽然高校学生管理制度并未形成体系，但相关部门已经对高校学生管理涉及的学籍、学制、考试、毕业、入学等主要问题做了明确规定，主要涉及以下几个方面。

第一，学籍与学制方面，教育部针对学籍管理先后专门出台了《教育部关于高等学校学生学籍问题的几点指示》（1950 年）、《高等教育部关于华东区高等学校处理学生学籍问题的若干规定》（1953 年）。有关学制问题，1951 年通过《政务院关于改革学制的决定》，对大学、专门学校、专科学校、专修科、

① 王炳照，李国均，阎国华．中国教育通史·中华人民共和国卷（下）[M]．北京：北京师范大学出版社，2013.

研究部等的修业年限做出了规定；1959 年，《中共中央、国务院关于试验改革学制的规定》要求“从 1960 开始，在全国部分地区和学校，进行高中文理分科的初步试验”。同时，又专门针对改变工业学校的学制出台了《高等教育部关于高等工业学校改变学制应注意事项的通知》（1955 年）和《教育部关于处理高等工业学校年制问题的通知》（1959 年）。

第二，考试与考查方面，国家在 1954 年制定了《高等学校课程考试与考查规程》，这一规程是第一部较系统地规定如何在高校对学生进行考试、考查的文件，随后又对这一文件做出补充与完善，如《高等教育部复函关于高等学校课程的考试和考查问题》（1956 年）。但是在这一问题上国家也曾走过弯路，如《高等教育部关于在高等学校实行国家考试的通知》（1956 年）的实施，力图在全国以一种统一划一的方式考查毕业生是否达到了毕业的标准，但是这一政策随 1957 年出台的《高等教育部关于暂停在高等学校试行国家考试的通知》而终止，显然在高等学校试行国家考试这一政策脱离了高校的实际情况。针对教育部直属高校的考试方案，教育部 1962 年发布《教育部直属高等学校学生成绩考核暂行规程（草案）》。

第三，毕业证书方面，国家先后颁发《教育部关于高等学校颁发毕业学生证书暂行办法》（1950 年）、《高等教育部关于高等学校毕业证书格式及验印办法作若干修改的通知》（1953 年）、《高等教育部关于一九五四年暑假毕业学生的毕业证件问题的通知》（1954 年）、《高等教育部关于因政治历史问题不能分配工作的本届毕业生能否发给毕业证书问题》（1955 年）[①] 多项文件。

第四，入学、转学与转专业方面，1950 年制定的《高等学校暂行规程》对高校学生的入学问题做了详细的规定，如规定了入学者的年龄及哪些人可以进入高校学习。同时，同类文件还有《教育部关于高等学校 1951 年暑期招考转学生办法》（1951 年）、《教育部关于高等学校学生转学问题的指示》（1952 年）、《教育部关于华东地区高等学校处理学生学籍问题的若干规定》（1953 年）、《高等教育部关于处理学生复学、转学问题给东北师大的复函》（1956 年）。这一时期，高校对学生转学、转专业的问题从 1951 年的放宽政策到 1952 年的严厉控制再到后来的系统规范，为高校处理学生转学、转专业提供了一个行动指南。[②]

第五，休学、复学与退学方面，《高等教育部关于新生要求休学的处理问题给中山大学的复函》（1954 年）与《高等教育部关于处理学生复学、转学问

① 教育部高校学生司．高等教育学历问题咨询手册 [M]. 北京：首都师范大学出版社，1999.
② 曾瑜，邱燕，王艳碧．高校学生管理工作法治化研究 [M]. 成都：西南交通大学出版社，2016.

题给东北师大的复函》（1956年）对什么条件下可以申请休学、复学以及怎么样去休学、复学等事项做出了规定；《国务院关于处理高等学校调干学生和工农速成中学学生退学问题的通知》（1956年）、《高等教育部关于妥善处理学生申请退学问题的通知》（1956年）中明确了国家对退学的态度，同时对于什么情况下可以申请退学及对退学后的生活、工作等也给予了规定；1958年，高等教育部制定了《关于处理高等学校学生转专业、转学、休学、复学、退学等问题的规定（草案）》，这一草案试行两年后高等教育部正式颁布，当时还出台了关于抽调学生转专业和复学的通知，如《教育部关于抽调学生转学理科专业的通知》（1960年）和《教育部关于提前抽调高等学校学生复学问题的补充通知》（1963年）。①

## 二、形成期：改革开放后至20世纪末的高校学生管理制度

### （一）学籍管理与学位条例

1978年12月，教育部发布关于试行《高等学校学生学籍管理的暂行规定》的通知。该暂行规定对学生学籍管理的各个方面进行了规范，是在我国高校学生管理工作中具有重要作用的一份文件。1983年1月，教育部颁布了《全日制普通高等学校学生学籍管理办法》，包括入学与注册、成绩考核与记载办法、升级与留级、降级、转专业与转学、考勤与纪律等内容；同时，该政策的出台也标志着1978年暂行规定与1979年暂行规定补充通知的失效。这一时期，针对高校学生管理，国家教育委员会在1990年专门出台了《普通高等学校学生管理规定》，在其第二章"学籍管理"中，对学生的入学与注册、成绩考核与记载办法、升级与留降级、转系（专业）与转学、休学、停学与复学、退学、毕业等给出了具体的管理措施。②

1995年，国家教育委员会颁发《研究生学籍管理规定》，该规定主要从学生的入学与注册、纪律与考勤、休学与复学、转学与转专业、退学、奖励与处分、毕业与就业等方面阐述对研究生学籍管理方面的要求。

关于学位条例方面，1980年2月，全国人大常委会颁布了《中华人民共和国学位条例》，指出"学位分学士、硕士、博士三级"，并提出了授予学士学位、硕士学位、博士学位的不同授予条件及授予机构，同时还指出应设立学位委员会、学位评定委员会、学位论文答辩委员会等。1984年，教育部、国务院学位委员会发布《关于实行高等学校本科毕业与学士学位合一证书的通知》，

① 李太平．普及与提高：中国初等教育60年[M].杭州：浙江大学出版社，2009.
② 林静，陶爱萍．普通高校学籍管理制度建设研究[M].杭州：浙江大学出版社，2012.

这一办法在实施几年后，由于存在一些问题，国家教育委员会、国务院学位委员会在1991年又出台了《关于普通高等学校本科毕业证书与学士学位证书分开制发的通知》，恢复了高等学校本科毕业证书与学士学位证书分开制发的方法。为了适应高校人才发展的需求，1987年，国家教育委员会、国家计划委员会、财政部《关于印发〈高等学校培养第二学士学位生的试行办法〉的通知》，指出“一般地凡是已修完一个学科门类中某个本科专业课程，已准予毕业并获得学士学位，再攻读另一个学科门类中的某个本科专业，完成教学计划规定的各项要求，成绩合格，准予毕业的，可授予第二学士学位”。

### （二）高校学费的变革

新中国成立后，学生上大学是免交学费的，但是，1985年出台的《中共中央关于教育体制改革的决定》提出“还可以在国家计划外招收少数自费生。学生应缴纳一定数量的培养费”。高校学生上大学不交费用的情况到1986年开始改变，从此高校开始实行招收“自费生”。1989年，国家教育委员会又印发了《一九八九年普通高等学校试行招收自费生意见》，以及国家教育委员会、国家物价局、财政部《关于普通高等学校收取学杂费和住宿费的规定》对高校收费给予了充分说明。1990年，国家教委等五部委《关于发布（普通高等学校招收自费生暂行规定）的通知》，就如何对自费生进行管理从招生计划、招生管理、在校管理、就业、户口、粮食关系迁移、收费、纪律等内容做了规定，指出“自费生是指普通高等学校按招生规定录取并由本人缴纳培养费、学杂费，毕业后可以由学校推荐就业，也可以自谋职业的学生”，还规定“自费生在校期间须向学校缴纳培养费与学杂费”。随后，就高校收取费用不断出台相关政策，如《国家教育委员会、财政部、国家物价局关于做好一九九三年普通高等学校收费工作的通知》（1993年）与《国家教育委员会办公厅关于做好一九九四年普通高等学校收费工作意见的通知》（1994年）。高等教育进入全面收费时代，这也使高等教育学生管理工作的性质和要求发生了较大变化，因此进入21世纪后高校学生管理制度呈现出新的特点。

### （三）考试与招生

1977年10月，国务院正式批转了教育部的《关于一九七七年高等学校招生工作的意见》，这一政策就高校招生制度的招生对象、招生对象的条件、招生方法等方面做出了具体要求，至此我国恢复了高考制度。1987年，国家教育委员会发布关于《普通高等学校招生暂行条例》的通知，该暂行条例共12章，涵盖总则、招生机构及其职责、报名、政治思想品德考核、身体健康状况检查、考试、招生来源计划、录取、招收保送生、招生经费、处罚、负责，对当时的高等学校招生起到了重要的指导作用。[①] 但随着时代的发展与变化，该暂行条例于 2004 年 9 月失效。针对当时招生管理中存在的一些不良现象，国家教委在 1987 和 1988 年发布了《普通高等学校招生管理处罚暂行规定》，以维持招生管理的良好秩序。国家对一些艺术院校的招生也做出规定，1989 年，文化和旅游部、国家教育委员会《关于印发高等艺术院校（系科）招生工作暂行规定的通知》，对报考艺术院校（系科）的报名、政治思想品德考核与身体健康状况检查、考试、录取等提出了具体要求。

### （四）就业制度

1977 年，我国恢复了高考招生制度。1981 年，国务院批转国家计委等《关于改进一九八一年普通高等学校毕业生分配工作的报告》，该报告指出对毕业生的分配坚持在国家统一计划下的“抽成调剂，分级安排”的方法。

1983 年，国务院批转国家计委等《关于一九八三年全国毕业研究生和高等学校毕业生分配的报告》，报告中指出采用“供需见面”的办法。由此，对高校毕业生的分配由“统包统分”发展到学生与用人单位的“双向选择”。

1994 年，国家教育委员会又发布《关于进一步改革普通高等学校招生和毕业生就业制度的试点意见》，要“引导学生毕业后参与劳动力市场的竞争，国家不再以行政分配而是以方针政策指导、奖学金制度和社会就业需求信息来引导毕业生自主择业”。

1999 年，教育部下发关于停止使用《全国普通高等学校毕业生就业派遣报到证》和《全国毕业研究生就业派遣报到证》启用《全日制普通高等学校本专科毕业生就业报到证》和《全国毕业研究生就业报到证》的通知，将高等学校学生就业派遣报到证变为就业报到证，标志着高校毕业生“双向选择，自主择业”方式的确立。1998 年的《高等教育法》规定：“高等学校应当为毕业生、结业生提供就业指导和服务。”

## 三、法治化：21 世纪的高校学生管理制度

### （一）学生行为准则与权利义务

2005 年教育部发布的《高等学校学生行为准则》规定了学生行为的标准，即“志存高远，坚定信念；热爱祖国，服务人民；勤奋学习，自强不息；遵纪守法，弘扬正气；诚实守信，严于律己；明礼修身，团结友爱；勤俭节约，艰

① 宋友荔，张丹．高等教育法规概论 [M]．南昌：江西高校出版社，2011．

苦奋斗；强健体魄，热爱生活”。学生的权利与义务在教育部2017年修订的《普通高等学校学生管理规定》中得以专门提出，就学生拥有的七项权利与应当履行的六项义务做出了规定，《高等学校学生行为准则》中也专门提到了学生的权利与义务这一内容。

### （二）学生安全与住宿管理

2002年6月教育部发布了《学生伤害事故处理办法》就学生伤害事故与责任、事故处理程序、事故损害的赔偿、事故责任者的处理等内容做了规定，对“积极预防、妥善处理在校学生伤害事故，保护学生、学校的合法权益”具有重要的保障作用。2010年在《教育部关于修改和废止部分规章的决定》中将《学生伤害事故处理办法》（教育部令第12号）第八条修改为：发生学生伤害事故，造成学生人身损害的，学校应当按照《中华人民共和国侵权责任法》及相关法律、法规的规定，承担相应的事故责任。针对住宿管理中存在的一些安全问题，2004年，教育部颁布了《关于切实加强高校学生住宿管理的通知》，就学生宿舍的领导、党建与政治思想工作、管理规章制度、宿舍安保、校外住宿等五个方面的内容做了规定。教育部办公厅又接着出台了《关于进一步加强高校学生住宿管理的通知》（2005年）、《关于开展高校学生住宿管理情况自查工作的通知》（2008年）与《关于进一步做好高校学生住宿管理的通知》（2017年），明确要求进一步规范学生住宿管理工作，安排学生在宿舍和公寓内按班集体住宿，为学生成长成才营造良好的环境和氛围。

### （三）电子注册制度

从2000年起，教育部决定在高等教育领域实行学历证书电子注册制度，并在2001年2月颁布了《高等教育学历证书电子注册管理暂行规定》，指出“证书注册运用现代信息技术，实行计算机网络管理”，并对不同类型的毕业证书、结业证书的内容做了具体要求。至此，我国高校开始实行高等教育学历证书电子注册制度并对这一制度不断加以完善，如《教育部高校学生司关于做好2004年高校学生教育学历证书电子注册工作的通知》（2004年）、《教育部关于印发〈普通高等学校新生学籍电子注册暂行办法〉的通知》（2007年）、《教育部高校学生司关于普通高等教育学历证书即时电子注册的通知》（2010年）、《教育部办公厅关于做好2011年普通高等学校新生复查和学籍电子注册工作的通知》（2011年）、《教育部办公厅关于进一步做好外国留学生学历证书管理和电子注册工作的通知》（2011年）、《高等学校学生学籍学历电子注册办法》（2014年）。

### （四）资助政策、奖励政策与助学贷款政策

2002 年 9 月，教育部、财政部印发了《国家奖学金管理办法》，这是国家在高等教育领域设立的第一个奖学金——国家奖学金，规定："国家奖学金分为二个等级，全国每年定额发放给 45000 名学生，其中 10000 名特别优秀的学生享受一等奖学金，标准为每人每年 6000 元；35000 名学生享受二等奖学金，标准为每人每年 4000 元。""国家奖学金获得者，其所在学校减免当年的全部学费。"2005 年 7 月，财政部、教育部发布了《国家助学奖学金管理办法》，这一文件被 2007 年 6 月的《普通本科高校、高等职业学校国家奖学金管理暂行办法》废止；同年，又出台了《国务院关于建立健全普通本科高校、高等职业学校和中等职业学校家庭经济困难学生资助政策体系的意见》，对国家奖学金制度、国家助学金制度、国家助学贷款政策做出了进一步的完善。其中，国家奖学金的内容变更为每年奖励人数提高为 50000 名，奖励标准也提高为每生每年 8000 元；另外，由中央和地方共同设立了国奖励志奖学金，还规定"从 2007 年起，对教育部直属师范大学新招收的师范生，实行免费教育"。2007 年 6 月，财政部、教育部又联合发布了《普通本科高校、高等职业学校国家助学金管理暂行办法》，对国家助学金的资助标准与申请条件、名额分配与预算下达、申请与评审、发放、管理与监督等做出了具体的规定。2007 年还发布了《关于在部分地区开展生源地信用助学贷款试点工作的通知》，重庆、江苏等 5 个省市成为首批试点；2008 年 9 月财政部、教育部、银监会又联合发布《关于大力开展生源地信用助学贷款的通知》，生源地信用助学贷款这一举措在全国范围内提高了覆盖面。

此外，国家又相继出台了《教育部办公厅关于普通高校协助做好生源地信用助学贷款有关工作的通知》（2010 年）和《关于加强国家开发银行生源地信用助学贷款管理工作的通知》，生源地信用助学贷款管理工作得以不断完善。当前阶段，随着我国硕士学位种类不断增多，研究生人数不断增加，为了帮助研究生顺利完成学业，2010 年出台了《教育部办公厅关于切实做好普通高校全日制硕士专业学位研究生资助工作的通知》，财政部、教育部又在 2012 年印发了《研究生国家奖学金管理暂行办法》，其中规定，研究生国家奖学金每年奖励 4.5 万名在读研究生，其中，博士研究生 1 万名，奖励标准为每生每年 3 万元；硕士研究生 3.5 万名，奖励标准为每生每年 2 万元。此外，还出台了《教育部关于切实做好 2012 年普通高等学校家庭经济困难新生入学及各项资助工作的通知》。2020 年，教育部、财政部、中国人民银行、银保监会等四部门联

合印发《关于调整完善国家助学贷款有关政策的通知》（教财〔2020〕4号），对助学贷款有关政策做出调整。

### （五）高校招生和就业政策

一方面，这一时期高校在招生方面的突出变化就是自主招生政策的产生。2001年，江苏省内的6所高校率先进行了自主招生模式的试点，2003年教育部开始推行这一模式，下发了《教育部关于做好2003年普通高等学校招生工作的通知》，在全国22所部属高校开始自主招生的试点。接下来又相继出台了一系列的措施，从招生政策、招生程序、加强监管等方面提出了规范高校自主招生的“十严格”要求，进一步增强高校选才的科学性和公平性。2020年3月4日，教育部印发《关于应对新冠肺炎疫情做好2020届全国普通高等学校毕业生就业创业工作的通知》（以下简称《通知》），就进一步指导推动各地各高校积极应对新冠肺炎疫情，开展网上就业服务、拓宽就业和升学渠道、强化就业困难帮扶等工作，做出部署安排。

另一方面，这一时期高校毕业生就业制度逐渐完善。2000年我国确立了“双向选择，自主择业”的高校毕业生就业制度，2002年国务院办公厅转发《关于进一步深化普通高等学校毕业生就业制度改革有关问题的意见》，指出：“建立市场导向、政府调控、学校推荐、学生与用人单位双向选择的就业机制”，“引导高校毕业生到基层、到中小企业就业是解决高校毕业生就业问题的主要途径。”为了指导高校毕业生面向基层就业，先后出台了《关于引导和鼓励高校毕业生面向基层就业的意见》（2005年）、《关于统筹实施引导高校毕业生到农村基层服务项目工作的通知》（2009年）、《高校毕业生基层培养计划实施方案》（2011年）。2006年中组部、人事部等部门又出台《关于组织开展高校毕业生到农村基层从事支教、支农、支医和扶贫工作的通知》，决定实施“三支一扶”计划，从2006年起，每年招募2万名高校毕业生，主要安排到农村基层从事两至三年的支教、支农、支医和扶贫工作。此后相继出台《2007年高校毕业生“三支一扶”计划实施方案》（2007）、《关于做好2008年高校毕业生“三支一扶”计划实施工作的通知》（2008年）、《人力资源和社会保障部办公厅关于印发全国高校毕业生三支一扶计划工作信息系统运行管理办法的通知》（2010年）与《关于做好2013年高校毕业生“三支一扶”计划实施工作的通知》等文件。同时，针对当前高校毕业生就业压力不断增大，人力资源社会保障部每年会出台文件，如《人力资源社会保障部关于做好2013年全国高校毕业生就业工作的通知》《人力资源社会保障部关于做好2014年全国高校毕业生就业工作的通知》等。

# 第二节　高校学生管理制度具体内容的变迁

## 一、社会主义革命建设时期的高校学生管理制度

自 1949 年新中国成立到 1977 年，我国基本完成了社会主义改造，开始全面建设社会主义，而此时的高校学生管理制度经历了从初创、形成到曲折发展的过程。

### （一）高校学生管理制度的初创

从新中国的成立到 1956 年基本完成社会主义改造的七年时间，党和国家领导全国各族人民有步骤地实现了从新民主主义到社会主义的转变，迅速恢复了国民生产，各项事业开始有计划地进行。与此相适应的我国高校学生管理制度也在改造旧的教育制度和创建新的教育制度的浪潮中摸索前进，得以初步创立。

1950 年 6 月教育部召开了第一次全国高等教育会议，此次会议着重讨论了新中国成立以来的高等教育方针、政策、任务和体制等问题。同年 7 月，国务院批准了这次会议提出的《高等学校暂行规程》，具体阐明了高等学校的办学宗旨、具体任务、办学形式。为进一步改革新中国的高等教育，教育部又相继颁布《专科学校暂行规程》《私立高等学校管理暂行办法》等文件，也为新中国高等教育建设提供重要的法规依据[①]。

根据新中国成立以来教育方针的明晰，从 1950 年到 1956 年党和政府亟待解决几个方面的问题。首先，在教育主权上，新中国成立以后旧时的公立、私立学校、外国津贴的教会学校应如何处理；其次，在教育内容上，旧时的党义、教义、宗教课程该如何转变；最后，在教育制度上，旧时的高等院校设置比较庞杂，院系之间管理、院系设置不合理等问题怎么解决。

新中国成立初期针对高等教育面临的问题党和政府并没有采取强硬的管治措施，而是采取“接管、恢复、调整”的柔性转换方式。例如，在教育制度上，新中国成立初期为了更快地适应国家建设的迫切需要，苏联的教育经验、教育模式成了当时我国教育改革的主要范本。随着教育方针、政策的调整，高校学生管理制度必然要进行相应的转变。

① 朱晓刚．我国大学课程观的反思与建构 [M]. 北京：中国海洋大学出版社，2008.

1. 主要内容

1949 年到 1956 年是我国高等学校学生管理制度的初创时期，这一时期的学生管理工作是以学生学籍工作为中心展开的。

（1）学籍管理

①入学与注册。在新中国成立初期形成了以统一参加入学考试为基础，同时对于满足特殊政治原因的学生予以照顾的入学方法。主要涉及的文件有《高等学校暂行规程》（1950 年）、《高等教育部关于华东区高等学校处理学生学籍问题的若干规定》（1953 年）[①]。

②考核与成绩记载。这一时期以《高等学校课程考试与考查规程》为蓝本初步建立了涉及成绩评定、考试方法、成绩记载、补考、升级、留级等内容的考核与成绩记载规范体系。主要涉及的文件有《高等学校暂行规程》（1950 年）、《高等学校课程考试与考查规程》（1955 年）、《高等教育部复函关于高等学校课程的考试和考查问题》（1956 年）、《中华人民共和国高等学校国家考试条例草案》（1956 年）、《高等教育部复各校所提有关"高等学校课程考试考查规程"中的几个问题》（1956 年）。

1956 年，高等教育部在高等学校试行国家考试制度，通过全国统考的方式审查毕业生的学业程度是否符合教学计划以保证毕业生的质量，并颁布《中华人民共和国高等学校国家考试条例草案》规范试行。这是国家关于高等学校学生毕业考试问题的不成熟探索，因其政策与实际情况脱轨、实际操作困难重重等，一年后夭折。

③转专业与转学。这一时期对于转学与转专业的规定经历了从允许各高校暑期统一招考转学生到严格控制学生转学再到系统规范转学行为的发展过程。主要涉及的文件有《教育部关于高等学校 1951 年暑期招考转学生办法》（1951 年）、《教育部关于高等学校学生转学问题的指示》（1952 年）、《高等教育部关于华东区高等学校处理学生学籍问题的若干规定》（1953 年）、《高等教育部关于处理学生复学、转学问题给东北师大的复函》（1956 年）。

④休学与复学。这一时期初步建立了涉及休学复学条件、办理程序、相关后续事宜等规范休学复学的内容体系。主要涉及的文件有《高等教育部关于华东区高等学校处理学生学籍问题的若干规定》（1953 年）、《高等教育部关于新生要求休学的处理问题给中山大学的复函》（1954 年）、《高等教育部关于处理学生复学、转学问题给东北师大的复函》（1956 年）。

---

① 教育部高校学生司 . 中国高等教育学生管理规章大全（1950-2006 年）[M]. 北京：首都师范大学出版社，2007.

《高等教育部关于处理学生复学、转学问题给东北师大的复函》对休学复学规定予以了补充，延长了休学期限，明确了“凡要求复学的学生，得视本人具体情况，尽量准予复学”的处理原则。

⑤退学。这一时期关于退学问题经历了严格限制学生退学到慎重对待、妥善处理学生退学问题的发展过程。主要涉及的文件有《高等教育部关于华东区高等学校处理学生学籍问题的若干规定》（1953 年）、《国务院关于处理高等学校调干学生和工农速成中学学生退学问题的通知》（1956 年）、《高等教育部关于妥善处理学生申请退学问题的通知》（1956 年）。

《高等教育部关于妥善处理学生申请退学问题的通知》指出，1953 年《高等教育部关于华东区高等学校处理学生学籍问题的若干规定》中严格限制学生退学问题的相关规定，引发了学生的不满，故此予以调整。通知中首先明确了国家对于退学问题的原则立场，即“一方面应加强对学生的专业思想教育和政治思想教育，使他们安心学习，防止过多的人退学，影响国家培养干部计划的实施；一方面也要照顾学生的合理要求，分别情况，做妥善处理”。其次，细化了关于退学问题的规定，“对于因病、因经济困难无法克服的，可以同意；对于因志愿不合，本人坚持退学的，也可以同意”。再次，对于退学的后续问题予以了规定，“一般学生，退学以后的生活和工作问题原则上应该自己解决，高等学校依据相关规定，可请当地劳动部门酌情安排就业”“如果愿意继续学习，可以重新报考高等学校，或按规定参加招收插班生的考试，不受任何歧视”。

⑥毕业、结业与肄业。这一时期以专业主要课程的合格与否为标准将学生毕业情况分为毕业、修业两种。主要涉及的文件有《高等学校暂行规程》（1950 年）、《高等教育部关于华东区高等学校处理学生学籍问题的若干规定》（1953 年）、《高等教育部关于一九五四年暑期毕业学生的毕业证件问题的通知》（1954 年）。

（2）校园秩序与课外活动

这一时期鼓励提倡建立社团以发挥其促进科学文化发展的功能。1950 年《高等学校暂行规程》第六章专章规定了“社团”内容，即“大学及专门学院的工会、学生会等社团应团结全校（院）员工、学生，协助学校完成教学及行政计划，推动全校（院）员工、学生的政治、业务、文化学习，并增进员工、学生的生活福利”“大学及专门学院得成立各种学术团体以促进科学、文化的提高与普及”。

（3）奖励与处分

这一时期初步形成了以警告、记过、留校察看和开除为内容的惩罚措施以及给予“优等生”称号的奖励制度。1953 年《高等教育部关于华东区高等学校处理学生学籍问题的若干规定》中专章规定，“学生违反教学纪律与学校规则，应受下列处分：①警告；②记过；③留校察看；④开除”，并规定了开除学籍的处分条件。1955 年《高等学校课程考试与考查规程》第十五条规定，“对于一学期内全部课程的考试成绩为‘优等’、考查成绩为‘及格’和道德品质良好、并且积极参加社会工作和体育锻炼的优秀学生，给予该学期‘优等生’的称号”。

（4）就业与创业

这一时期形成了毕业生工作由政府分配的就业制度。1951 年《政务院关于改革学制的规定》中明确规定，“高等学校毕业生之工作由政府分配”。与此同时，国家对于实行市场调控状态下的毕业生分配工作给予了相应的制度安排和合理解构，明确了各部门的工作范围和与之配套的工作内容。

2. 特征和意义

初创时期的高等学校教育建设主要面临着两方面的现实状况，一方面是刚刚成立的新中国对于高等教育的首要任务是完成对旧教育的接管和改造，而另一方面在接管和改造过程中，缺乏管理经验的新中国，为了最大程度的稳定社会秩序、恢复生产、逐步走向社会主义道路，只有参考先进国家的成功模式。

处于社会主义初创时期的高校学生管理制度也必然与当时的社会发展状况密切相关，并呈现出当时社会背景影响下高等学校学生管理制度的特征。

首先，高校学生管理制度无集中体系，多以“指示”“批复”为主。建国初期的高校学生管理制度，尚未形成全面、系统的制度体系，为加快高等学校秩序的稳定和教育教学秩序的恢复，在学生管理上多以教育部颁发的“指示”“批复”“复函”等为主，对于同类问题尚未形成宏观性、原则性的政策引导，规定性的文件过于零散，集中性的文件较为少见。

其次，高校学生管理制度内容较为单一，零散细碎。本阶段的高校学生管理制度主要以学生学籍管理方面为主，只是对入学、转专业、转学、休学、复学、退学、毕业等几方面做了规定，并没有详细指出学生入学后各个具体培养环节的要求，如新生入学未办理入学手续、不能按时报到、入学后的资格审查等。

### （二）高校学生管理制度的形成

从 1957 年到 1966 年，这十年的时间是我国进入社会主义初级阶段，开始全面建设社会主义的十年。伴随着我国各项事业的探索和实践的深入，我国的高等教育工作也迅速发展起来，高校学生的教育管理工作也从中积累了丰富的经验，高校学生管理制度也在这一阶段不断形成和完备。

1. 背景分析

在 1957 年到 1966 年这十年的探索和实践中，高校学生管理的各项工作包括高校学生的管理制度建设，也经历了曲折、缓慢发展和初步形成的过程。

1958 年 9 月中共中央国务院发布《关于教育工作的指示》，进一步阐明当时的教育工作方针，中国开始探索走出一条符合中国特点的社会主义教育之路。

在教育领域，1959 年初，教育工作会议北京召开，针对当时在执行教育方针上存在的诸多问题给予剖析和讨论。1959 年 6 月，中共中央批转共青团中央《关于对学生进行思想政治教育中的几个问题》，对于高校学生的教育管理提出了几点改进意见。直到 1961 年教育部按照中央的指示，于 1961 年草拟了《教育部直属高等学校暂行工作条例（草案）》（简称“《高校六十条》”），总结了新中国成立以来，特别是 1958 年教改以来的正反两方面的经验，高校的学生管理工作真正出现了较大的转机。从这之后，高校学生管理制度开始逐渐完善和细化，并最终形成。

2. 主要内容

在这一时期，我国的高校学生管理制度不断摸索完善，在原有规程制度的基础上学籍管理的以下方面得以创立和形成。

（1）考核与成绩记载

这一时期在原有考核与成绩记载规定基础上以《教育部直属高等学校学生成绩考核暂行规程（草案）》为蓝本形成了涉及考核方法、成绩评定、补考、升级、留级等内容的系统性的考核与成绩记载规范体系。1962 年，教育部发布《教育部直属高等学校学生成绩考核暂行规程（草案）》，其中规定，在成绩评定上，依旧采用“优秀”“良好”“及格”和“不及格”的四级计分法，“少数有特殊需要的课程，也可采用‘百分制’计分”，考察采用“及格”和“不及格”两级；在考试评分上，“应以学期期末考试成绩为主，适当的参考平时成绩”；对于体育课的考查，“考查的要求不宜过高，对不同体质的学生应有不同的要求”；在补考上，“有三门或三门以下课程不及格的可以补考”；在升级、留级上，“每学期考试后办理一次”“每学期学习四门或四门以下课程有三门不及格的学生，应与留级”“有一门课程不及格而准其升级的学生，在以后任何一学期中，再有三门不及格时，令其退学或留级”“如无特殊原因，本科生留级最多只能有两次”。

（2）转学与转专业

这一时期以《关于处理高等学校学生转专业、转学、休学、复学、退学等问题的规定》为蓝本形成了全面系统的转专业与转学规范制度。1960 年教育部在原有草案的基础上，发布了《关于处理高等学校学生转专业、转学、休学、复学、退学等问题的规定》，该规定首先明确了对于转专业与转学问题的原则立场，“高等学校需经常注意教育学生热爱专业、热爱学校，如无特殊困难，一般不要转专业、转学；但在处理个别问题时，适当的照顾学生的合理要求，以解决他们学习、生活方面的具体困难和问题”；其次，规定了转专业与转学的条件，“①有某种疾病或生理缺陷；②学校认为不适合现在的专业学习；③本人或家庭确有特殊困难的”“强调志趣不合等原因的，不应同意；照顾爱人关系的，也不应同意”“第一学年末学完的和临毕业学年的学生，不得申请转学”；最后，规定了转学的程序，“由原校与转入学校洽商处理，转入学校应审查学生的政治、健康和学业成绩，合格者，办理转入手续”。

（3）休学与复学

这一时期以《关于处理高等学校学生转专业、转学、休学、复学、退学等问题的规定》为蓝本形成了全面系统的休学与复学规范制度。该规定首先明确了准予休学的条件，“①经医疗单位诊断认为需休养或较长时期治疗的；②缺课过多在原班继续学习有困难的；③因其他原因必须休学的；④学校认为应当休学的”，“女生分娩，产假期满无法随班学习或因病不能继续学习的，准予休学”；其次，规定了保留入学资格的内容，“新生健康复查不合格，应取消学籍，但经诊断认为，经过短期修养、治疗有可能痊愈的，准予其保留入学资格一年”；最后，规定了休学的年限，“学生休学，一般以一个学年为期；期满后仍不能复学，可继续申请休学，休学年限累计一般不超过两个学年”。

（4）退学

这一时期以《关于处理高等学校学生转专业、转学、休学、复学、退学等问题的规定》为蓝本形成了全面系统的退学规范制度。该规定首先明确了退学的条件，“学生患病经诊断认为难以坚持长期学习的，因家庭经济困难或其他原因不能继续学习的，经本人申请，可准予其退学”，“本人未申请，但学校认为不宜继续留校学习的，也可说明理由让他退学”；其次，规定了退学的相关事宜，“学校在处理学生退学事宜时，应通知学生家长”；最后，对于退学学生的安置问题，“如果是调干学生，应按照国务院和当地人事部门的有关规定办理安置问题，其他一般学生的以后一切问题，学校概不负责”。

（5）毕业、结业与肄业

这一时期对不及格的毕业生的毕业、就业与肄业问题予以了细化规定。《教育部关于1962年高等学校毕业班不及格学生的处理问题的答复》中规定，“凡毕业论文合格的学生，如有一至二门非主要课程不及格，可以发给毕业证书；如有一至二门主要课程缺修或补考后仍不及格，应留校补修；留校补修有困难的，可以发给修业证书，允许在离校后三年内申请补考一次，合格后，换发毕业证书”。

3. 特征和意义

这一时期的高校学生管理制度在继承和发展前期成果的基础上，得到了实质性的进步和提高，最终初步形成，并体现出了以下特征：

（1）高校学生管理制度内容更加细化和深入

这一时期的高校学生管理制度已不再局限于从1960年教育部出台《关于处理高等学校学生转专业、转学、休学、复学、退学等问题的规定》，学生学籍管理规定日趋细化。1961年9月，教育部颁布《教育部直属高等学校暂行工作条例（草案）》和1962年11月20日颁布的《教育部直属高等学校学生成绩考核暂行规程（草案）》开始涉及学生管理其他方面的内容，重点放在对学生的思想政治教育上。《高校六十条》第六章“教师与学生”第三十五条规定了对学生的奖惩，另有第八章将“思想政治工作”单列出来。从中我们都可以看出，高校学生管理制度开始一步步走向正轨，稳定的、全面的和可操作的高校学生管理制度是其发展的方向。

（2）中央集权特征明显，学校地位强势

这一时期高校学生管理制度的改革一方面体现了国家的积极探索，另一方面也呈现出中央高度集权的特征，烙上了政治化的时代印记，在学校和学生的关系上体现出明显的学校强势地位。

如在《关于处理高等学校学生转专业、转学、休学、复学、退学等问题的规定》的“关于退学”一项中，规定“本人虽未申请，但是学校认为不宜继续留校学习应当退学的，也可以说明理由让他退学”。也就是说，退学并无明确标准，只要“学校认为不宜”，体现了当时学校对学生进行管理具有强烈的行政管理的色彩。

尽管这一时期的教育管理制度具有这样或那样的局限性，但其自身所体现出的时代特征和时代意义却依旧散发着巨大光芒。高校学生管理制度开始初步形成，具有里程碑的意义。经历了新中国成立初期的高校学生管理制度对于前苏联模式的照搬硬抄，这一时期的制度建设开始逐步走向了与中国实际相结合的探索道路。不一味地模仿和苏化，中国的高等教育管理制度随着全面建设社会主义的深入，开始重新走上了稳步健康发展的轨道，可以说，这一时期的制度建设为后来我国高校学生管理制度的细化和发展奠定了基础。

## 二、社会主义改革发展时期高校学生管理制度

1978 年 12 月，党的十一届三中全会的召开，拉开了中国改革开放的序幕，高等教育迎来了发展的春天。与此同时，中国的高校学生管理制度也经历了一个从整顿恢复到开始新的探索的发展过程。在思想解放运动的推动下，在中国社会改革创新的大浪潮引领下，高校学生管理制度呈现出崭新的局面。

### （一）高校学生管理制度的改革

党的十一届三中全会以后，全社会在不断的自我苏醒和重建中开始寻找科学、完备和先进的理念与制度模式，我国高等教育也进行了一系列的拨乱反正，逐步回到了正确的轨道。[①]

1. 背景分析

这一时期，高校学生管理制度的改革发展主要是在以下历史背景的影响下开展起来的。

（1）党的十一届三中全会的召开

1978 年 12 月召开的党的十一届三中全会，开始了我党历史上具有深远意义的伟大转折。会议全面地、认真地纠正了“文化大革命”及其以前的“左”倾错误，把党的工作重点从“以阶级斗争为纲”转移到社会主义现代化建设上来，使党的工作走上健康发展的轨道，同样为高校学生管理制度的改革创造了基本前提。

（2）高等学校的恢复和增设

1971 年全国教育工作会议通过的《关于高等院校的调整方案》确定：原有 417 所高等学校，保留 309 所，合并 43 所，撤销 45 所，改为中专校 17 所，改为工厂 3 所。1978 年 12 月 28 日，教育部发出通知，经国务院批准，恢复和增设 169 所普通高等学校，工科院校 46 所，农林院校 13 所，医学院 18 所，师范院校 77 所，财经院校 10 所，体育学院 3 所以及艺术学院 2 所。这一批高等学校的恢复和增设，为现代化建设提供了大批的专门人才。[②] 高等学校设立起来后，即面临加强学校管理的紧迫工作，学生管理制度首先需要恢复和建立。

① 王希俊．新时期大学生管理 [M]. 长沙：中南大学出版社，2001.
② 陈立鹏，等．大学章程研究：理论与实践的探索 [M]. 北京：北京师范大学出版社，2012.

（3）高考制度的恢复

1977 年 10 月 12 日，国务院批转教育部《关于一九七七年高等学校招生工作的意见》，文件规定考生应具有高中毕业或相当于高中毕业的文化水平，采取“自愿报名，统一考试，地市初选，学校录取，省、市、自治区批准的办法”。恢复全国高校统一招生考试制度，提高了高等学校新生的质量。1977 年，全国有 570 万青年报考，高等学校共招收新生 27.3 万人，1978 年招收新生 40.2 万人，成为新中国成立以来高校招生人数的第三个高峰。随着大批新生进入高校，开始接受高等教育，高校也迫切需要建立有序的、正常的教育教学秩序，对学生从入学开始到在校的各个环节进行规范。

2. 主要内容

这一时期教育部总结、吸取 1966 年前高校学生管理的经验，改革制定了一系列的学生管理制度。

（1）学籍管理

①入学与注册。首先，改革了入学程序，“新生持录取通知书和学校规定的有关证件，办理入学手续”，“因故不能按期入学者，向学校请假，假期一般不超过两周；超过两周不报到者，取消入学资格”。其次，规定了复查程序，“学校在新生入学三个月内进行复查，合格者取得学籍；不合格的，由学校区别情况，予以处理，直至取消入学资格；凡属徇私舞弊者，一经查实，取消学籍，予以退回，情节恶劣的，须请有关部门查究”。最后，规定了注册程序，“每学期开学时，学生必须按时到校办理入学注册手续。未经请假逾期两周不注册的，按自动退学处理”。

②考核与成绩记载。首先，改革了考核成绩评定标准，“从原有的百分制或四级制改为百分制或五级制，即优秀、良好、中等、及格、不及格五个级别”。其次，改革了补考要求，从原有的三门以下不及格允许补考改为学生每学期不及格的课程均可补考。再次，增加了允许跳级的内容，“主要课程成绩达到‘良好’以上水平、其他课程及格的，经本人申请，学校批准，允许跳级”。最后，改革了升级、留级的规定。

③转专业与转学。首先，强调了个人意愿在转学转专业中的作用，“学生确有专长，本人申请，由所在系（专业）推荐，经转入系（专业）考核证实，转入该系（专业）更能发挥其专长者，准予转学”。其次，增加了禁止转专业、转学的硬性条件。最后，细化了转专业与转学的手续流程。

④休学与复学。首先，标准化了时间在休学复学中的要求，即休学的期限

以病情或缺课占到总学时 1/3 者予以同意休学。其次，对于休学学生的安置和管理问题更加细化，即原来享受的相关工资、助学金等照常发放，休病期间享受公费医疗，学校针对家庭困难学生酌情补助往返路费，学生户口不迁出学校。最后，对于复学的流程予以了系统的规范，即在诊断证明、证件审查和政治复查上予以更为严格的要求。

⑤退学。首先，全面系统地规范了学生退学的相关条件，即“学期考核成绩不及格课程经补考后，仍有三门主要课程或连同以前各学期累计四门（含四门）以上课程不及格者；实行学分制的学校，在一学年中不及格课程达到和超过所选总学分的 1/2 者；本科学生在同一个年级里须第二次留、降级者；本科学生不论何种原因（含休学、保留学籍），在校学习时间累计超过其学制两年（如四年制的不得多于六年），专科学生超过其学制一年者；休学期满不办复学手续者；经复学复查不合格不准复学者；经学校动员，因病该休学而不休学，且在一学年内缺课超过总学时 1/3 者”。① 其次，全面系统地规范了学生退学的善后问题的相关管理，即“退学学生之前有单位的回原单位安排，无单位的回家长或抚养人所在地落户；有疾病的由原单位接收，按照国家对待职工的劳保规定处理，其他的由家长或抚养人负责领回；退学学生发给退学证明”。

⑥毕业、结业与肄业。增加了关于对毕业生服从国家统一分配的要求，“学生毕业后必须服从国家统一分配，按规定时间到所分配的单位报到。对不顾国家需要，坚持个人无理要求，经批评教育拒不服从分配，从学校公布分配名单之日起，逾期三个月不去报到者，经地方主管调配部门批准，由学校宣布取消分配资格，限期离校”。

（2）奖励与处分

1983 年《全日制普通高等学校学生学籍管理办法》中首次对于高校大学生的奖励与处分问题进行了全面系统的规定。

首先，增加了对于学生奖励的规定，“对德智体全面发展或在思想品德、学业成绩、锻炼身体某一方面表现突出的学生，可分别授予‘三好学生’称号或其他单项荣誉称号”，“奖励实行精神鼓励和物质奖励相结合、以精神鼓励为主的办法。表扬和奖励的方式有：口头表扬、通报表扬、发给奖状、证书、奖章、奖品或设置不同等级的奖学金等”。

其次，处分措施从原有的四级制改为六级制，即“处分下列六种：①警告；②严重警告；③记过；④留校察看；⑤勒令退学；⑥开除学籍”。

最后，形成了学生处分不得撤销的规定，1984 年《教育部学生管理司关于

① 顾明远，申杲华．学校学生管理运作全书 [M]. 北京：开明出版社，1995.

高等学校学生处分不得撤销的复函》中规定，“在实施学籍管理规定中，对学生实行的各种处分，是学生在校期间某个方面的历史记载，除处理依据不实应予改正，处理不当应与改变外，一般不得撤销”。

（3）校园秩序与课外活动

1983 年《全日制普通高等学校学生学籍管理办法》中首次对高校大学生的考勤、纪律和校园秩序问题进行了全面系统的规定，即“①学校要认真贯彻党的教育方针，教育学生必须坚持四项基本原则，做到德智体全面发展，要坚持正面教育为主，贯彻疏导方针，做好思想教育工作；②学生应当热爱社会主义祖国，热爱人民，拥护中国共产党的领导，勤奋学习，文明礼貌，团结同学，关心集体，遵纪守法，爱护公物，热爱劳动；③在校学生一般应是未婚者，学生如果在学习期间擅自结婚，则应办退学手续；④学生必须严格遵守国家的政策法令和学校的各项规章制度”。

（4）就业与创业

1989 年国家教育委员会公布《高等学校毕业生分配制度改革方案》，将高校毕业生的就业制度由原有的国家统一分配转变为由社会选择的就业制度。

3. 特征和意义

1976 年之后，遭到破坏的高校学生管理体系能够得以恢复和重建，这本身就是这一时期高校学生管理制度的最大特征和最重大的意义，这种恢复和重建在整个高校学生管理制度史上具有鲜明的时代特征，表现如下。

（1）对于教育教学秩序的重整和规范性特征明显

1976 年后，满目疮痍的高校面临着恢复教育教学秩序的迫切诉求，而管理制度的再塑和形成则成了挽救教育教学秩序的良方。为此，高校本科学生管理制度在这一阶段侧重于对学生的学籍管理，对学生在专业课程上的学习进行了严格的规定，如留级、降级、退学、转专业、转学等均规定了具体的情形，使在读学生明白了学习要求，保证了学校正常的教学秩序。

（2）全面育人原则的初步体现

这一时期的学生管理规章制度在制度自身变严格的同时，还对学生的政治觉悟、思想意识和道德品质等方面进行考查，促进学生德智体全面发展。规章要求学生必须坚持四项基本原则，要努力做到遵纪守法、勤奋学习、文明礼貌、团结同学、关心集体、爱护公物、热爱劳动等，对学生奖惩也有明确的规定，对学生全面发展起到了积极的促进作用。

高校学生管理制度在这一时期的改革创新，因其所处时代环境的特殊性显得尤为重要和意义深远，其最重要的意义在于为人才的培养提供了更为完备的制度上的保障。经历了十年人才培养的断层和人才塑造模式的缺失，中国的高等教育在对人才的塑造上显得慌乱、错杂。由此，高校学生管理制度的恢复和建立使学生有了明确的学习目标和行为规范，为高校的人才培养提供了制度保障。

### （二）高校学生管理制度的发展

1. 背景分析

20 世纪 90 年代初期，一系列学生管理配套文件的出台使我国的高校学生管理走向了初步法制化的阶段，而其背后则有着深刻的经济、社会、政治背景因素的影响。

（1）社会主义市场经济发展的深入推进

1984 年党的十二届三中全会做出了经济体制改革的决定，中国社会逐步由计划经济转向市场经济。1992 年 10 月，党的十四大提出了建立社会主义市场经济体制的目标，全社会开始了由计划经济体制向社会主义市场经济体制的转变。由此，经济建设所要求的竞争意识、民主意识、平等意识、参与意识、效益意识、法律意识等，为我国思想政治教育注入了新的内涵，从而有力地推动了我国高校学生教育管理工作的健康发展。

（2）中国法制化进程的加快

随着国家法律制度的健全与不断完善，公众和大学生自身维权意识的增强，高校学生管理工作面临新的挑战。原有的管理思想、管理模式、管理方法已不能适应形势发展变化的需要。因此，对高校学生管理制度的法制化研究是时代发展的客观要求，是当前依法治教，促进高教事业全面、协调、可持续发展的迫切需要。

（3）教育体制改革的推动

1985 年 5 月 27 日中共中央公布了《中共中央关于教育体制改革的决定》，决定指出，教育体制改革的根本目的是提高民族素质，多出人才，出好人才；对高等教育体制的改革要求是改革高等学校的招生计划和毕业生分配制度，扩大高等学校办学自主权。这样高校长期以来全部按国家计划统一招生的现状开始改变，除了国家计划招生外，用人单位委托招生、国家计划外自费生招生等开始试点和推行，这对学生管理工作提出了更高的要求。

（4）改革开放深入发展所引发的校园氛围动荡

20 世纪 90 年代初期，社会上“脑体倒挂”“分配不公”“知识贬值”等非理性因素不断渗入大学校园，导致校园中一度存在“经商风”“厌学风”，在不同程度上与大学生培养目标发生冲突，造成正常大学秩序的混乱。高校历来还是各种思想文化激荡的场所，随着改革开放的深入，西方文化同步涌入，部分大学生对西方文化良莠不辨照单全收，片面地、不恰当地追求自我设计、自我奋斗、自我实现，造成校风、学风的波动和涣散，加强学生管理被摆到了重要的位置，高校学生管理制度建设迫切需要进一步完善。

2. 主要内容

这一时期的高校学生管理制度处于法制化、现代化、体系化的发展阶段。2005 年教育部重新制定颁布《普通高等学校学生管理规定》，这是教育部自 1990 年发布旧的《普通高等学校学生管理规定》以来对该规定做的第一次正式修改。内容涉及学生管理的方方面面，具体变革内容如下。

（1）学籍管理

学籍管理的改革和细化。在入学与注册上，增加了“家庭经济困难的学生可以申请贷款或者其他形式资助，办理有关手续后注册”的内容；在考核与成绩记载上，加大了各学校的办学自主权，在成绩考核方式、重修补考方式、留级跳级等方面准予学校自行规定；在休学与复学上，简化了相关手续办理的硬性规定，休学次数、休学期限、休学学生医疗费用等由学校自行规定；在退学问题上，明确规定了符合退学条件的情形，“①学业成绩未达到学校要求或者在学校规定年限内（含休学）未完成学业的；②休学期满，在学校规定期限内未提出复学申请或者申请复学经复查不合格的；③经学校指定医院诊断，患有疾病或者意外伤残无法继续在校学习的；④未请假离校连续两周未参加学校规定的教学活动的；⑤超过学校规定期限未注册而又无正当事由的；⑥本人申请退学的”；对于学生的退学处理，由校长会议研究决定；在毕业、结业与肄业上，增加了“学校应当执行高等教育学历证书电子注册管理制度”和“毕业、结业、肄业证书和学位证书遗失或者损坏，经本人申请，学校核实后应当出具相应的证明书”。①

（2）理想信念与校园文化

2005 年教育部发布《高等学校学生行为准则》，其中规定了八项学生行为准则，分别为“①志存高远，坚定信念；②热爱祖国，服务人民；③勤奋学习，自强不息；④遵纪守法，弘扬正气；⑤诚实守信，严于律己；⑥明礼修身，团结友爱；⑦勤俭节约，艰苦奋斗；⑧强健体魄，热爱生活”。

① 法律出版社法规中心 . 教育法律手册（2005 年版）[M]. 北京：法律出版社，2005.

（3）权利和义务

2005 年《普通高等学校学生管理规定》中首次专章规定了学生的六项权利和六项义务，第五条规定“学生在校期间依法享有下列权利：①参加学校教育教学计划安排的各项活动，使用学校提供的教育教学资源；②参加社会服务、勤工助学，在校内组织、参加学生团体及文娱体育等活动；③申请奖学金、助学金及助学贷款；④在思想品德、学业成绩等方面获得公正评价，完成学校规定学业后获得相应的学历证书、学位证书；⑤对学校给予的处分或者处理有异议，向学校、教育行政部门提出申诉；对学校、教职员工侵犯其人身权、财产权等合法权益，提出申诉或者依法提起诉讼；⑥法律、法规规定的其他权利”。

（4）校园秩序与课外活动

1992 年国家教育委员会试行《普通高等学校学生安全教育及管理暂行规定》，《规定》分为“总则、安全教育、安全管理、事故处理和附则”五个部分。2002 年教育部出台《学生伤害事故处理办法》，明晰了事故发生后的处理程序、赔偿责任、事故责任者的处理等内容。2005 年，《普通高等学校学生管理规定》中专章规定了“校园秩序与课外活动”内容，提出“学校应当建立和完善学生参与民主管理的组织形式”，“学生应当自觉遵守公民道德规范，自觉遵守学校管理制度确，鼓励学生成立学生社团和参加社会实践活动”，“学校应当建立健全学生住宿管理制度”。

（5）资助与帮扶

2007 年教育部、财政部联合印发《普通本科高校、高等职业学校国家助学金管理暂行办法》，详细规定了国家助学金的资助标准与申请条件、名额分配与预算下达、申请与评审、助学金发放、管理与监督等内容。其中规定“国家助学金主要资助家庭经济困难学生的生活费用开支。国家助学金的平均资助标准为每生每年 2000 元，具体标准在每生每年 1000—3000 元范围内确定，可以分为 2—3 档。中央高校国家助学金分档及具体标准由财政部商有关部门确定，地方高校国家助学金分档及具体标准由各省（自治区、直辖市）确定”。

3. 特征和意义

20 世纪 90 年代以来，我国的改革开放和现代化建设进入了一个新的阶段。随着经济体制、政治体制和科技体制改革的深化，高校学生教育管理体制也在不断加快改革的步伐，法制化和现代化无疑是这一时期高校学生管理制度的最大特征。

1990 年 1 月出台的《普通高校学生管理规定》是一部具有法律效力的行政

规章，是近年来司法审查高校学生与学校纠纷的重要依据，也标志着学生管理的初步法制化。2005 年 3 月 25 日教育部以第 21 号部长令的形式发布了新修订的《普通高等学校学生管理规定》，该规定自 2005 年 9 月 1 日起施行，原国家教育委员会发布的《普通高等学校学生管理规定》（国家教育委员会令第 7 号）、《研究生学籍管理规定》（教学〔1995〕4 号）同时废止。新规定适用于普通高等学校、承担研究生教育任务的科学研究机构对接受普通高等学历教育的研究生和本科、专科（高职）学生的管理，高校学生管理开始朝向法制化积极迈进。

高校学生管理制度法制化进程的深化和完善有着重要的意义，它意味着高校学生的管理开始逐步走向国家意志化，开始可以寻求来自制度本身的优越感和保障性。法律的认可和保护使高校学生管理可以以更加坚实厚重的姿态走到学生人才培养和教育教学秩序中去。中国的高等教育正逐步走向规范、理性和法制化。

## 第三节　高校学生管理制度变迁的经验反思

### 一、高校学生管理制度变迁的经验

#### （一）紧跟生产方式的变革

教育是培养人的活动，教育因满足人与社会的需要而产生，也随着人与社会的发展而发展，教育目的、教育制度都受到社会生产力、经济政治制度与科学文化因素等的影响。因此，不同的生产力发展水平会影响教育制度的目的和性质。改革开放前，我国实行的是计划经济体制，国家对教育采取集中统一的管理方式，高校教育的改革、制度内容的重塑都要以国家的需要而定。改革开放后，我国逐步实行社会主义市场经济体制，我国的教育体制也随之发生了改变，要求公正法治，追求人的平等、全面发展及塑造正确价值观。所以，随着市场经济体制的深入发展，以人为本的思想越来越多地渗入到高等教育领域，高校学生管理理念逐渐由“社会本位”转向“以生为本”。

1990 年之前我国高校学生管理体制主要受计划经济体制的影响，高等教育由国家统一管控，高校学生管理制度制定主要考虑国家和政府对人才培养的需求，一定程度上忽视了学生的主体地位，管理主要以学生学籍管理为主，少有涉及学生培养和创新学生管理的方式出现。由于受市场经济体制的影响，尤其是 1992 年党的十四大提出发展社会主义市场经济，经济体制改革影响了我国高等教育领域体制的改革，高校学生的主体地位逐渐得到关注。从大学生自主就业、高校招生“并轨”、高等教育大众化、高等院校合并升格，到放缓高校盲目发展速度，建设高等教育培养质量，再到目前的“双一流”大学建设等对高校学生管理制度提出了不同的要求，要深入贯彻“以生为本”理念，确保学生主体地位，逐步关注学生学习、学生发展及学生个性塑造三方面内容。

### （二）服从党和国家育人方针、政策的引导

教育方针的制定始终是以政治、经济发展状况为现实依据。1949 年至 1956 年，在新民主主义教育方针影响下，教育目的在于提高学生文化基础知识水平，重视发展为人民服务的思想。在这种教育方针指导下，我国高校学生管理制度主要改革旧的教育制度，以“批复”“指示”等文件为主。随后，1958 年相关部门明确提出“党的教育方针是教育为无产阶级政治服务，教育与生产劳动相结合”，注重与生产劳动的紧密结合，要求高校人才培养要以社会需求为基准。此外，1985 年《中共中央关于教育体制改革的决定》提出“教育必须为社会主义建设服务，社会主义建设必须依靠教育”，我国高校学生管理制度改革主要以政府对人才培养要求为准。

1990 年《中共中央关于教育体制改革的决定》指出高等学校的主要任务是为社会主义建设培养合格人才，虽然该规定没有在根本上改变以社会为本的价值取向，但已经开始从学生需要出发，去服务学生学习，具体表现在学生学籍、校园氛围、学生奖惩等方面，为社会主义现代化培养建设者和接班人。1995 年党的教育指导方针发生了改变，《中华人民共和国教育法》中要求教育必须为社会主义现代化建设服务，必须与生产劳动相结合，培养全面发展的社会主义事业的建设者和接班人。

因此，在2005年《中共中央关于教育体制改革的决定》中，从学生基础知识、自主管理及社会参与三方面促进学生全面发展，要求高等学校要以培养人才为中心，培养全面发展的人，并不断提高学生管理服务水平。为继续坚持社会主义办学方向与党的教育方针，贯彻习近平总书记系列重要讲话，2017 年《中共中央关于教育体制改革的决定》强调学生个性塑造，将“立德树人”思想融入制度中，培养学生具有公平正义、诚实守信、实践创新精神等正确价值观。

### （三）立足学生群体特征的变化

大学生是国家建设强有力的新生力量，不同时代的大学生在外部环境的影响下有不同的群体特征，这些基本特征是高校学生管理制度完善发展的基本依据。新中国成立之初，我国实行计划经济体制，强调对学生的统一分配，重视

学生的集体奉献精神，高校学生集体主义观念浓厚，如《关于调整高等学校毕业生工作中的几个问题的指示》《1950 年度派往东欧人民民主国家交换留学生暂行办法》等要求学生的学习、就业分配等按照国家的需求而定。

为适应经济体制的改革，我国高等教育体制也进行了改革，高校并轨、自主就业、高校扩招等。在此影响下，学生的就业与学习情况有密不可分的联系，高校学生开始重视在校表现，以学习为先。因此，1990 年的《规定》主要通过学籍管理、端正学生学习态度以及营造良好的校园学习氛围等方面服务学生学习。

此外，在社会主义市场经济及教育体制改革的影响下，一些大学生存在思想信念模糊、诚信意识淡薄、社会责任感缺乏等问题，为适应学生群体特征的新变化，2005 年及 2017 年的高校学生管理制度开始重视学生自主管理，让学生在社会实践中发展自我，并在高校教育中贯彻诚实守信、公平正义及创新等重要精神，健全高校学生个性，充分实现学生的个体价值及自我发展。

## 二、对高校学生管理制度建设的展望

高校学生管理制度对高校学生管理实践具有宏观指导性。从高校学生管理制度的改革和发展可以看出，“以生为本”理念是管理制度改革的理论基础，高校学生管理制度在价值取向上逐渐从以社会为本，开始转向以生为本，实现社会本位与个人本位的统一；在高校人才培养要求中，要切实考虑学生基本需求。在制度体系构建上，由零散化向系统化、法治化发展；在管理方式上政府职能由集权向分权转变，高校学生管理由政府、高校及学生等多元共管。所以，我国高校学生管理制度的发展呈现良好态势。

# 第三章　高校学生管理工作的现状

进入21世纪，高等教育的环境和教育对象都发生了深刻的变化，高校的教育管理工作面临着重大挑战，一方面需要继承传统，另一方面需要不断地创新。为了使高校的学生教育管理工作适应社会现代化建设的需要，培养符合时代发展要求的建设者和接班人，文中有必要对高校的学生教育管理工作进行简要的梳理并进行一定的总结。本章分为高校学生管理工作的历史沿革、高校学生管理工作取得的成绩、高校学生管理工作存在的法律问题三部分。主要内容包括：高校学生管理工作的初步发展阶段、高校学生管理工作的进一步摸索阶段、高校学生管理工作的曲折发展阶段等方面。

## 第一节　高校学生管理工作取得的成绩

### 一、教育法制化建设日益加强

教育法制化建设是社会主义法制建设的要求，也是教育管理自身发展的要求。随着民主法治理念的普及和个人权利意识的增强，原有的高校学生管理思想、管理模式、管理方法越来越不适应形势的变化和发展。在社会法制化建设过程中，教育法律体系进一步完善，大学生的权利意识有了很大的提高，他们不再是简单的服从于学校管理，不再是完全遵从学校制定的各种规章。随着大学生权利诉求不断高涨，他们需要更多地从学校获得自由和保护，当某些权利诉求不能获得公正、公平的处理对待或者大学生们认为没有获得应有的权利时，他们开始利用各种方式来维护自己的利益，甚至不惜与学校对簿公堂，高校学生管理工作的权威性受到了前所未有的挑战。

### 二、高校学生管理工作体系初步形成

随着高校学生管理工作职能的不断扩大，管理功能出现了分化。一些高校成立了以学生处、团委、教务处、招生就业处、总务处等部门共同构成的学生

管理工作领导委员会，协调全校有关的学生事务。许多高校成立了学生心理咨询中心、勤工助学服务中心、大学生活动中心、宿舍服务中心等机构，以凸显学生管理服务的不同职能。各院系都基本成立了学生工作领导小组，一般由一名党总支副书记专职分管学生工作，领导专兼职辅导员具体开展学生管理工作。校、院、系三级学生会普遍设立，引导学生开展自我教育，进行自我管理和自我服务。

## 三、高校学生管理中服务育人的理念开始形成

在坚持马克思主义关于人的发展学说和我国教育方针的指导下，高校学生管理广泛吸纳思想政治教育学、高等教育学、高等教育管理学和心理学等学科的研究成果，逐步丰富了学生管理工作的理论基础。在实际工作中，学生管理工作开始重视对高校学生特征、学生思想的研究，注意考虑学生的心理需求和尊重学生个人的正当利益，在重视对学生规范和控制的同时，开始形成为学生成才而服务的管理观念，体现了“以人为本”和贯彻落实科学发展观的管理理念。

## 四、高校学生管理有了相对独立、较为系统的内容体系

随着社会的发展、高校内部管理体制和教学改革的不断深入以及学生个性特征的变化，高校学生管理工作出现了大量新的具体事务。如贫困生的出现，带来了学生生活保障的问题，并由此产生了学生困难补助、助学贷款、勤工助学等事务；弹性学分制的推行，导致了学生班级结构被打散，宿舍、社团等作为新的“育人阵地”开始备受关注；大学生自主择业的实施，使就业指导、职业规划指导、就业信息收集与发布等服务项目孕育而生；来自就业的压力，使学生对于提高社会实践经验、实践能力的要求增大，从而使大学生社会实践活动“备受青睐”；由于经济压力、学习压力、就业压力、人际交往压力等导致学生心理问题凸显，使学生管理工作中不得不加强学生的心理辅导和咨询的力度；学生缴费入学，导致学生作为“消费者”的主体意识不断增强，对学校的育人环境、学习和生活条件以及学校管理的参与权等有了新的更高要求，如何提高学校管理的民主性，扩大学生参与度成为学生管理工作的新问题。由此，学生管理工作初步形成了既有规范、又有指导、也有服务的较为系统的内容体系。

## 五、高校专职辅导员队伍建设取得了一定成效

各高校通过多种途径引进人才担任专兼职辅导员，不断壮大学生管理工作辅导员队伍，同时鼓励和引导专职政工干部继续深造，攻读研究生，大大改善

了专职学生工作人员的学历结构。同时，教育部和地方教育部门和各高校还通过举办各种专题培训和研讨会，如“心理咨询培训”“新上岗辅导员培训”“思想政治教育理论研讨会”等方式，不断提高学生管理工作专职人员的理论素质，使学生管理工作队伍的建设取得了一定成效。

## 第二节 高校学生管理工作存在的问题

### 一、高校学生管理工作存在的基本问题

#### （一）学生管理工作制度方面的问题

1. 以管理为中心，学生管理人员考核制度不完善

在考核方面，对所有教职工的考核通过德、能、勤、技四个方面来进行考核，即考核政治立场、思想品质、工作作风、职业道德等情况；考核理解和运用政策的水平，管理和服务、开拓与创新的能力等情况；考核工作态度和敬业精神，遵守学校工作纪律和各项规章制度等情况；考核履行岗位职责，完成工作任务的质量与效果，取得的成绩和作出的贡献等情况。而对于学生管理人员的考核则更加细化，却未形成一个系统完整的考核量化标准，且都以扣考核分为前提，没有奖励机制，致使学生管理人员考核流于形式，敷衍了事，降低了学生管理人员的工作效率及工作积极性。

2. 以教师为中心，学生管理考核制度不完善

一方面，常规的学生管理多为服从式管理，采取安排后直接向学生下达的方式，师生双方处于“管”与“被管”的矛盾统一体中，学生的主观能动性得不到发挥，更不用说创新能力，有时这种管与被管的关系还会使学生的自尊心受到伤害，使管理很难达到预期的目标。另一方面，学生管理考核制度在学生教育和管理的过程中仍有许多空白点，以至于无章可循，给学生管理工作带来了很多困难，同时一些临时性、应急性的规定也缺乏应有的权威性。

3. 以考试成绩为重点，学生综合素质考核欠缺

目前，大部分高校在评价学生时，往往以学生每学期的期末考试为重点，将出勤和考试成绩作为判断学生学习态度和学习能力的重要指标。评价观念落后，传统的评价体系严重脱离了教育的宗旨；评价主体单一，考核的内容、标准及结果都由任课老师单方面完成，没有其他组织和成员参与进来，这样的结

果不够全面、公平和客观，无法让学生客观地认识自己，也不能为学生的全面发展指明方向，更无法激发学生的潜力。

## （二）学生管理工作队伍方面的问题

### 1. 管理队伍缺乏管理经验

目前，高校学生管理工作队伍普遍呈现出年轻化的趋势，虽然在年龄上能与学生拉近距离，能更了解学生的想法，理解学生的行为，但是，由于缺乏相关的工作经验，导致他们在处理具体学生问题上很容易以主观判断。而且年轻的管理者，难免有一些普遍性的问题，比如遇事不够冷静，容易慌乱、欠缺耐心等。如果在工作中做不到忙中不乱，沉着应对，那么学生管理工作的质量和效率就很难保证。随着社会的不断发展，高校学生管理工作队伍的年轻化趋势已是既定事实，如何更好地组织和建设这支年轻的学生管理工作队伍，提高他们的综合素质和管理能力，是高校学生管理工作顺利开展的重要前提之一。

### 2. 学生干部队伍素质参差不齐

学生干部是学生自我管理的主要力量，他们要在思想品质、专业学习水平、综合能力、心理素质、团队观念等方面成为其他学生的标杆。在学生管理工作中，大部分学生干部的个人素质非常好，能够发挥带头作用，负起自我教育、自我管理、自我监督的责任。但是，也有极个别学生干部不适应学生工作，不能发挥学生干部的作用，无法在学生管理工作中起到表率作用。在学生干部队伍建设中，应该全面提高学生干部的素质能力，优化高校学生干部的队伍素质，从而保证各项工作的稳步落实。

### 3. 学生管理工作的手段未能与时俱进

当代大学生的成长环境发生了深刻变化，他们的成长经历更加多姿多彩，他们的个性特征愈加鲜明，因而学生管理手段应该充分适应大学生群体特征的变化，不断增强管理工作的针对性。但是，一些高校在学生管理工作中，没能准确把握当代大学生的特点，如未能根据大学生心理卫生需要将心理健康教育融入学生管理工作中，没有充分利用网络信息技术等，影响了学生工作的效度。

## （三）学生管理工作职责方面的问题

### 1. 管理人员职责不明确

高校学生管理工作复杂烦琐，内容很多，学生管理职责范围非常广泛，而作为最基层的管理人员（辅导员），他们的工作涵盖了从学生思想教育到日常行为规范，从专业技能锻炼到就业指导等方方面面。

高校学生管理工作任务多、工作重。许多辅导员表示，只要是与学生有关的事情，不论大小，不论属不属于辅导员的职责范围，人们第一反应就是找辅导员协调和解决，但是有些学生方面的工作超出他们的能力范围。也就是说，有些事情不能简单交给某类学生管理工作人员单独处理，例如，对于学生的职业生涯规划与就业指导教育应该由就业部门专业的就业指导教师来负责，可是在实际工作中，这项工作往往落在可能没有学过相关知识的辅导员身上，这样不仅会增加辅导员的工作量，而且也降低了学生管理工作的质量。

表 3-1　主要学生管理工作部门工作职责

| 序号 | 部门 | 职责 |
| --- | --- | --- |
| 1 | 学工处 | 制定、修改完善、实施学生日常管理的规章制度，制定并组织学生思想政治、法制安全等相关教育，组织新生入学教育，学生评优、评先及违纪处理，学生资助及勤工俭学，指导学生会团委工作、配合管理学生网络行为，学生医疗保险及征兵工作、学生心理健康教育等 |
| 2 | 团委 | 制定团的工作计划，对团员青年开展思想政治工作，组织校园活动和实践活动，指导学生社团工作、负责团费的管理、优秀团员评选活动等 |
| 3 | 辅导员 | 学生思想教育工作，引导学生规范行为习惯，心理健康教育工作、学生日常管理工作、指导学生开展各种活动，学生资助、评优评先及勤工俭学工作，学生寝室管理、学生职业生涯与就业指导等 |

2. 学生管理工作效率低下

目前，高校管理者对于学生管理的首要目标仍然是以管住学生为主，并通过一系列的规章制度约束学生，以实现管理的目的，再加上直线型的学生管理组织结构，导致学校领导在学生管理上的职责弱化。同时，学校领导与学生缺乏交流沟通，而且，随着高校办学规模的扩大，院系一级组织多、生师比大、职能分配不均导致了基层学生管理工作者的工作量非常大，加上汇报工作中的逐级上报，严重影响了学生管理工作的效率，导致学生管理工作的效率低下。

### （四）学生管理工作理念方面的问题

1. 以学生为主体的理念得不到充分体现

新公共管理理论中的顾客至上、以人为本理论的管理理念，引入到高校就是要以生为本，要把学生作为教育管理的中心。但笔者通过自身的工作经验和与其他高校学生管理工作人员的交谈发现，以学生为主体的理念并没有充分体现，一方面，学生管理工作人员对学生管理行为存在一定的主观性和随意性；另一方面，学校未建立一个能够让学生表达自身诉求和提出建议的平台来保障学生的权益，学校和老师缺乏渠道去掌握学生真正的需求，信息的不对称使学校的管理目标与学生的需求发生偏离，管理效果不佳。

2. 服务学生意识薄弱

基层学生管理人员（辅导员）对与学生干部的交流重视程度不够，对普通学生的了解不多，与学生沟通的次数较少，很多学生管理人员在与学生接触中比较被动，主动为学生服务的意识不强，在深入了解学生方面差强人意。

## 二、高校学生管理工作存在的法律问题

近年来，随着我国教育法制建设的逐步完善，高校学生管理工作的法制化建设也有一定的进展，但是当前法制化建设的状况并不乐观，面临的问题是复杂和多方面的。本节主要从四个层面分析高校学生管理工作的法律保障问题：第一，高校学生管理工作法律保障的外部条件，包括教育法律法规、学校规章制度、法律环境（群体的法律意识形态与法律规范、法律制度、法律组织机构、法律设施之间的互构，不是单方面的加强或调整）；第二，高校学生管理工作法律保障的内部要求，主要包括高校领导、高校学生管理者、学生三个主体；第三，高校学生管理工作法律保障的文化建设，主要包括高校法治文化氛围不浓、法治信念文化缺位、制度文化不健全、廉政文化不到位、国家公民文化欠缺；第四，高校学生管理工作法律保障的适切性，主要包括法律保障体系与现行状况的矛盾和冲突，法律法规与高校学生管理工作法律执行过程的一致性，相关利益主体之间的协调性。

### （一）高校外部条件方面的问题

任何改革或事务的推进，都需要有较好的、较成熟的外部条件作为保障。某一事物发展的实质是其所在的整个系统的发展，任何单一性质的发展都可能导致毁灭。例如，植物的生长需要土壤和自然的雨水，而不是人为地添加激素，这种单一方面的强化会导致植物本身的性质发生改变，从而也丧失了植物本身自然的生长状态和功能。

1. 高校的规章制度不健全

近年来，高校学生管理工作中出现了许多法律纠纷，甚至引发了一些司法诉讼事件。由此可以看出，与高校相关的群体的法律意识在不断提高，更多的高校管理者和相关行政单位越来越重视高校学生管理的法治建设。

从高校学生管理工作出现的诸多问题来看，高校管理法制化程度较低，这主要体现在高校的规章制度不健全，包括以下几个方面：第一，高校学生管理理念落后，经验式的管理占有较大比重，想当然和乱指挥的情况仍然存在；第二，高校学生管理存在审查和控制不严的现象，管理不到位，执行力差；第三，无法可依和有法不依两种情况仍然存在；第四，人力资源管理的结构松散，高校学生管理者的再教育和积极性有待加强；第五，规章制度不合理、不切实际，造成资源的浪费。

总体来看，我国高校规章制度建设层次相差较大，距离依法治校的标准尚远。首先，一些规章制度的缺位导致高校在管理相关方面时，缺乏必要的依据，进而导致学生管理工作存在空白和漏洞，其中某些漏洞可能是致命的。其次，高校的规章制度未对某些权利做出限定和约束，如高校的处分权。处分权是高校学生管理工作中的一个重要权能，《高等教育法》第四十一条规定："高等学校的校长全面负责本学校的教学、科学研究和其他行政管理工作，行使下列职权……聘任与解聘教师以及内部其他工作人员，对学生进行学籍管理并实施奖励或者处分。"而《普通高等学校学生管理规定》第四十五条列举了学校可以给予开除学籍处分的七种情况，其中"性质恶劣""情节严重""造成严重后果"等情况，多数高校的规章制度并未作出认定的标准，具有很大的主观决断空间。最后，高校的规章制度缺少对必要的、正当程序的规定。在行政法领域中，正当程序原则是指："行政主体在做出影响相对人权益的行政行为时的步骤、方式、顺序和时限构成必须遵循正当法律程序，包括事先告知相对人、向相对人说明行为的根据和理由，听取相对人的陈述、申辩，事后为相对人提供相应的救济途径，以保证所做出的行为公开、公正、公平。"而高校的规章制度缺乏严谨科学的程序规定，其中涉及高校权力的部分忽视了学生群体的被告知权、申辩权等权利的行使问题。

此外，还有一点是高校规章制度关于学生管理秩序的失范。一方面，表现为规则制度的不健全，主要表现为权利义务的不对等和失衡、实用性较差不切合实际、滞后性严重，最终导致高校学生管理工作"以罚代管"的认识偏差；另一方面，表现为高校学生管理工作法规不统一，执法不严，多数高校在教育法制化的执行过程中的随意性较大，例如对考试舞弊事件的处理，往往是在考试之后集中处理，但是舞弊的现象却变本加厉。综合来看，单纯地规定某方面的权利、责任和义务，难以做到有效管理，只有高校的规章制度在较高程度上体现权利、责任和义务的均衡，才能从根本上健全学生管理秩序。

2. 高校学生管理法制环境的复杂化

随着社会各个群体对高校学生管理工作认识的深入，高校不再是孤立于社会之外的空中楼阁，而是融入社会网络中，接受来自不同群体的监督，并承担服务社会和传承文化的职能。参与高校管理工作的主体是多元的，主要包括代表国家教育行政权力的行政机构、具有行政性质和事业单位性质的高校、高校教师和其他教育者、高校学生和其他学习者、关注教育事业的社会群体、企业和个人等，各个主体的利益诉求也不尽相同，最终导致高校学生管理工作的法制环境呈现出复杂化和多元化的特征。

另外，高校学生管理工作相关利益群体的法律意识和观念不断提升，对高校学生管理工作的法治化建设提出了更实际的要求。相关群体的法律意识和观念塑造了一种人文环境，这种环境作为一个外部的推手，直接推动了高校学生管理工作法治化建设的进程。从目前的情况来看，相关群体的法律意识和观念与高校学生管理工作法律规章存在不一致性，甚至是矛盾的。

这些原因导致了高校学生管理工作法制环境的复杂化和多元化，同样也给高校学生管理工作带来了新的问题，主要体现在以下几个方面：

第一，高校对学生法律素质培养教育的压力加大。随着高校的扩招，学生数量的增加，高校在学生法律素质培养教育方面投入的人力和财力变大。

第二，高校学生产生心理问题的概率增加。当下，学生的学习压力和社会生活压力不断增加，导致影响学生心理成长的因素呈现多样性的发展趋势，一旦高校不能及时有效地处理学生的心理问题，学生的行为和发展就是不可预测的，极有可能出现违反高校的规章制度，甚至是触犯法律的情况。

第三，高校学生管理工作队伍数量少、法律素质不高。有些高校注重扩充教师队伍，忽视学生管理队伍建设。从现实的情况来看，高校很难同时兼顾教师和管理者队伍的建设，部分高校的学生管理者属于无编制的人员，工作的积极性不高，依法治校的动力不足。

第四，信息技术化的发展要求高校学生管理工作与时俱进。信息化的时代使当代大学生的生活、学习、思想观念发生着广泛而深刻的变化，信息化对高校学生管理工作来说是一把双刃剑：一方面，高校学生会淹没在网络的信息当中，特别是受到凶杀、色情等消极信息的影响；另一方面，高校管理者可以利用网络的快捷性、开放性等特征，对学生进行法制管理和法律教育。

3. 高校法律法规政策贯彻落实不到位

当代大学生是新时代社会主义事业建设的主力军，是高校管理工作的核心服务对象，如何协调推进高校学生管理工作法治化，是依法治校工作的重中之重。依法治校的根本任务是在法治理念的引导下，要求高校主体依据国家法律法规进行教学管理，维护广大学生的合法权益，依法依规管理学生。但部分高校在制定内部规章制度时，极少有高校师生的参与，缺乏决策的科学性和民主性，导致高校管理工作缺乏一定的透明度。有些高校往往只重视知识的传授，忽视了对大学生进行普法宣传教育，高校师生知法守法是高校管理工作法治化的前提，普法宣传力度不够是影响高校依法治校的重要因素。

4. 高校法治化管理机制不健全

当前，部分高校在制定规章制度时会出现“越权”现象，出现高校内部规章制度与现行法律规范相冲突的情形。在对现行法律法规内容细化的基础上，高校将规章制度作为内部管理的基本依据，但部分高校未能全面考虑规章制度是否与现行法律规定相一致，扩大了规章制度的适用范围，超出了法律法规所许可的范畴。

在推进高校学生管理工作法治化的进程中，只有建立完备的监督管理机制，才能保证依法治国理念在高校顺利实施。高校学生管理工作法治化建设并非管理者一人之责，而是高校全体师生的共同使命，各高校应积极动员全体师生参与高校学生管理工作法治化建设工作中，参与高校的民主监督工作，促进高校学生管理工作的法治化进程。但目前部分高校未建立明确的民主监督管理机制，部分高校只是进行程序上的必要监督，对于实际产生的各项问题、师生提出的意见等置之不理。即使有的高校设立了民主监督部门，但对于监督程序、职能划分等并没有明确，导致很多监督部门形同虚设，很难发挥应有的监督功能。

5. 存在权利与权力的冲突问题

高校与学生间的法律关系界定不明确，高校容易依据自定的规则限制或剥夺大学生的权利，管理方式以行政手段为主，凭意志或经验办事，学生的合法权益被忽视及侵犯，引发冲突和纠纷，从而使高校处于被诉的不利地位。

6. 学生处置程序不够透明，缺乏民主监督

目前，部分高校学生的知情权、参与权、陈述权、申诉权、申辩权、救济权等合法权利得不到保障，缺少民主监督的制度与途径。而且，很多高校内部设有法学院，开展法律教学，培养法律专业型人才，但法律知识的普及仅局限于法学专业的学生，并没有对全校师生进行普及，此外仍有部分高校未开设法律教学课程，高校学生管理工作法治化建设更是难上加难。

## （二）高校内部主体结构方面的问题

人作为高校内部结构的基本构成元素，因为共同的属性而被划分为不同的类群，类群之间的互斥性和排他性也就决定了类群的不同功能和特征，处于一个系统之内的类群之间的关系紧密而复杂。人是社会关系的总和，而人与人之间的关系性质和关系组合，是由一个民族或者地区的本土文化所决定的。高校学生管理法律保障系统的建设不仅要考虑外部条件是否成熟，更要注重高校内部结构的发展和要求。高校领导、学生管理者、学生三个类群构成了高校学生管理工作的主体结构。三个类群是一个具有层次关联的关系系统，就是这样的一个高校的内部结构成为推动高校学生管理工作法治保障建设的核心内驱力。

高校领导、学生管理者、学生分属于不同的类群，在高校学生管理工作法律保障系统当中的功能和特征也不尽相同。高校领导的角色很关键，是连接国家法治建设战略和学校法治建设的纽带，起到一个"承上启下"的作用；学生管理者是和学生群体接触最多、最近的人，最了解学生的整体情况，是决定高校领导和学生之间联系程度多少的类群；学生是高校法律保障系统建设的重要主体和对象，其表现出来的整体特征和需求是高校学生管理工作法律保障系统建设的重要依据。

必须承认，"依法治国"在我国推行的时间并不长，公众对"法治"的认识和理解不深，加之我国对教育法治的宣传和教育力度较小，无法从公民的内部心智状态（包括信念、认识、观念、情感等）出发形成教育法治的氛围。

因而，高校学生管理工作内部的三个主体（高校领导、高校学生管理者、学生）的法治认识不足、法律意识薄弱，在思想观念上仍未摆脱传统模式的束缚，这并不是某个主体或者某个群体的问题，而是各主体和群体的"共性"问题。

1. 高校领导的主要问题

高校领导的角色非常重要，决定着高校学生管理工作将会朝着什么方向进行，重点是什么，现阶段的任务和未来发展趋向是什么。高校领导对法治建设的认识、法治理念的理解、高校学生管理工作的风格和方法，直接影响高校学生管理工作法律保障建设的进程。高校领导的角色直接影响高校学生管理者的工作方式方法、工作进程，所以做好高校领导至关重要。从当前的情况来看，部分高校领导在高校学生管理工作中的主要问题是：上，不承法治；下，不接地气。

"上，不承法治"主要指的是高校领导对法治建设的认识不清、不到位、有偏差，对法治建设的工作重视程度不够。高校领导应当从更高的层次，更宏观、系统的视角出发，对高校学生管理工作法律保障建设有一个全面的更符合国家发展规划的认识。

高校领导对高校学生管理工作法律保障建设认识不到位有偏差，主要体现为管理重于教育，认为高校学生管理工作法治建设只是单纯地加强和深化法治化管理，这是对法治建设的价值取向和本质功能的严重误解。高校学生管理应当以育人为本，充分体现“以人为本”的理念，但是在现实的高校学生管理工作过程中，管理和育人相分离的现象比比皆是，甚至将高校与学生的关系定义为管理者和被管理者的关系。出现这种情况，主要是因为高校领导对法律保障建设认识不到位，导致高校学生管理者的认识和工作产生偏差，因此高校领导应当加强对高校学生管理工作法律保障建设的学习和认识[①]。

“下，不接地气”主要是指高校领导在做高校学生管理工作时，与学生接触较少，对学生的情况不够了解，不能够根据学生的实际情况制定工作方法。如某些高校在制定高校学生管理工作规章制度时，采用一刀切的方法将大一至大三年级的学生统一安排到新校区，由于新校区的建设不够完善，理科生所需要的实验设备等均在老校区，这样就使理科生的正常教学受到严重的阻碍。这是高校领导没有经过实地调研得出的结果，这样的管理办法，不单不利于学生的教育和发展，甚至阻碍了学生的正常学习。

2. 高校学生管理者的主要问题

一些高校学生管理者在高校学生管理法治化建设工作中的法治意识淡薄，一方面体现为思想观念不能与法治化进程同步，“人治”的思想仍然较为严重，不能够做到依法管理。“人治”的缺陷有以下几点：第一，公民的人身和财产不能够得到合理的保障；第二，人本身的可变性很强，这也就决定了“人治”具有高度的不稳定性，导致社会资源的不合理使用和浪费；第三，“人治”受到个体的主观判断和情感倾向影响较为严重，导致某些决策带有较重的个人色彩；第四，“人治”的系统加入了更多的复杂因素，导致系统内部成员信念迷失；第五，“人治”社会的公民在遇到法律纠纷的时候首先想到的是找关系，而不是通过一个公正的渠道去解决。相对于“人治”而言，“法治”在公民的人身和财产保障、社会的稳定性、限制“权力老虎”、公民意识形态、公正和谐社会等方面的作用是显而易见的，这也是国家推行“依法治国”的一个重要原因。

如某些高校对学生的处分过程、处分决定缺乏公开性，透明度低；学生的知情权和申诉权无法得到有效的保护；对于学生违反校规如何处理的标准不明

① 曾瑜，邱燕，王艳碧．高校学生管理工作法治化研究 [M]. 成都：西南交通大学出版社，2016.

晰，人为的因素较多，无法保障学生管理工作的公正和平等；某些院系没有经过学校的批准和授权，对学生处分存在包庇和处分过重的情况。

另一方面体现为行政化的倾向严重，“官本位”的思想严重，服务的意识不强，认为学生和管理者之间因为身份的差别应当享有不同的待遇，对待学生的管理工作不是以人文关怀和服务学生为中心，而是以管理者自我为中心。从某种程度上来讲，无论是以学生为中心，还是以教师为中心的中心主义，都不是公正和平等的，只有内发于心的“爱”才是平等的。

有部分学生管理者认为，高校学生管理工作法律保障的作用和意义不大，即使没有法律，高校学生管理工作也能做好，无须法律再插一脚，认为法律保障建设是学生管理工作的负累。这是对高校学生管理工作法律保障建设的内涵和意义认识不清的结果，从思想上无法跟上国家的整体发展和社会意识形态的变化。

3. 高校学生的主要问题

（1）高校学生的维权意识

高校学生的维权意识是社会意识在学生群体中的一种表现形式，是学生对客观法律现象进行感受和判断之后的一种主观反映。以往高校和学生之间若产生纠纷，很少有学生起诉高校的状况发生。近年来，学生诉诸法律来解决相关问题常有发生，从某种程度上反映出学生的维权意识和法律素养的提升，但是从总体上来看，高校学生的维权意识和法律素养仍待提高。

高校学生的维权意识和法律素养与高校的法律保障建设和人才培养模式有着密切的关系。“以人为本”的理念引入高校后得到了普遍性的认同，但是其在实践中的运用效果并不理想。在现实中，从高校和学生关系来看，学生是弱势群体，学生的主体地位有待提升。

高校学生维权意识不强集中体现在以下几个方面：第一，是否维权与纠纷涉及的事件和案主的利益关系大小有关，利益大则维权，利益小则不了了之；第二，学生的社会经验少，维权集中于事后维权，而在纠纷事件发生之前的防范意识差，防范能力弱；第三，当遇到法律纠纷的时候，不能够采取正当有效的维权方式；第四，学生的时间和精力大部分用于专业知识的学习，忙于应付各种考试和考证，不注重基本的法律常识和法律知识的学习；第五，学生的权利意识薄弱，维权意识不强，多数高校学生不知道自己有哪些权利，更无从谈起如何合理运用自己的权利。

（2）高校学生的法律素养

高校学生的法律素养较差，集中体现在学生的义务意识和责任意识淡薄与人文关怀的缺失。

人文关怀的缺乏是高校学生管理存在的普遍问题，教育法律法规和高校学生管理规章制度是“刚性”，是外部的约束和规则，管束人们的行为；而人文关怀是“柔性”的，从人的内部心智状态和人与人之间的关怀和情感出发影响人的思想和行为。在高校学生管理工作法律保障体系建设中既不能忽视“刚性”的管束功能，也不能忽视“柔性”的内发功能，要“刚柔并济”。

高校与学生之间的法律纠纷时有发生，这并不是高校一方面的问题，而是学生与高校之间相互影响的结果，高校学生的维权意识和法律素养不高是产生这种问题的重要原因之一，而解决这一问题则要从系统的视角出发。

第一，基础课教学改革亟待深化。

教学改革包括几个方面的内容，首先是最基本的课程设置；其次是学生对这些课程如何评价；再次是这些课程的教学方式；最后是通过这些课程，课后达到了怎样的效果。在这几个方面，法治素养培育都有待深化。

①大学生对法律基础课教学有更多的期盼。大学生期盼法律基础课教学内容以及教学方式改革，期待法律基础课能够更加贴近学生，回应实际问题。

②教学评价不高。相比来说，大学生对法律基础课教师的教学态度、教学内容、教学水平是比较认可的，但对法律基础课教师的教学方法、教学技巧满意率偏低。因此，法律基础课教师应更多地聆听学生的声音，着重关注教学方法和教学技巧方面的提升。

总体来看，学生在思想道德修养方面的学习收获要较高于法律基础。这表明，教材中法律知识内容应进一步进行充实完善，同时教师授课时也应注重对法律知识的教授，应想方设法让大学生对法律基础的内容学习更加重视，让法律知识得以有效传播。同时，教师还应该注重不同类型学生对教学的差异化评价，以便更有针对性地展开个性化教学。

③教学效果有待提升。一方面，大学生对法律基础课的兴趣有待提高。大学生在学习的过程中，不喜欢单一、死板、照本宣科式的教学方式，并且教学方式已经成为学生是否喜欢一门课程的主要原因。由此可见，高校在开设法律基础课程时，应当充分考虑学生的兴趣，进一步丰富教学方法，让更多的学生积极参与法律课程的学习，意识到法律基础课程的重要性。另一方面，大学生法律基础知识掌握有限。大学生法律基础知识的掌握情况是判断高校开展大学生法治素养培育工作成效的重要指标。高校开设法律基础课程起到了一定的普

及宣传法律基础知识的作用，但是目前作用还相对有限，大学生通过课程掌握的法律基础知识并不全面。

因此，高校在开展法律基础课程的教学工作中，应当注重课程设置的丰富性，根据学生的学习情况，适时调整教学内容和方式方法。

④大学生对经典法律著作的阅读不够。据相关调查结果显示，6 本经典法律著作（包括柏拉图的《理想国》、卢梭的《社会契约论》、孟德斯鸠的《论法的精神》、罗尔斯的《正义论》、韩非的《韩非子》和商鞅及其后学的《商君书》）全部未读过的大学生占比高达一半，可见大学生对经典法律著作的阅读较为欠缺。

第二，网上线下协同还不够有力。

目前，随着互联网的发展，大部分教育者都能认识到网络教学的重要性，并开始利用网络资源辅助教学。但问题是，线上线下是一个整体，这两者之间协同才能发挥作用，目前的情况不容乐观。

①“国家宪法日”主题教育的实效性有待进一步提升。法治宣传教育活动在提升大学生法治素养过程中扮演着重要角色，参与率将直接影响活动的成效。自 2014 年起，我国每年都举办“国家宪法日”主题教育活动。在高校大学生法治素养培育过程中，开展主题教育活动是其中的重要环节，以当前的“国家宪法日”主题教育活动开展情况来看，这一环节仍然较为薄弱，亟待进一步加强。

②法治实践基地建设有待进一步加强。大部分大学生对高校法治实践基地建设表示满意，值得关注的是，虽然对高校法治实践基地建设工作给予否定性评价的只有极少数大学生，但相比高校大学生法治素养培育的其他工作而言，该项建设否定性评价的比例较高，这说明高校法治实践基地建设工作仍有不少短板弱项，需要引起重视。

③需要进一步强化网络法治教育阵地功能。当大学生本人或者亲朋好友有需要咨询法律问题时，大学生往往首先求助于“网络搜索”，由此可见，网络是大学生获取法律知识、接受法治宣传教育的重要阵地。但是，大学生对高校网络法治宣传教育的满意率不高，同时，网络在不同类型的学生中起到的作用并不相同。因此，要重视和发挥网络阵地在大学生法治素养培育中的功能和作用。

第三，大学生法治观念还未完全树立。

当前，着力培养大学生坚定的法治信念和法治价值观，是对大学生进行价值观教育和法治教育的一项艰巨而又迫切的任务。

①少数大学生对法治精神存在一定的模糊认识或认知偏差。法治精神是法

治素养的重要部分，而法治精神往往通过大学生对法律背后的社会价值观的体认来表现。

②部分大学生法治思维尚未形成，不能合法维护自身正当权益。

③部分大学生对运用法律维护权益的信心不足，大学生的法治观念有待进一步增强。统计分析发现，不同性别大学生的法治观念和法治意识存在显著差异，不同年龄段和民族的大学生群体之间不存在显著差异。

④大学生对我国法治社会建设状况的认同度有待进一步提升。

第四，大学生知行存在脱节现象。

大学生是社会主义法治国家建设的重要力量，理应将法治作为自己的价值选择，树立法律信仰，坚持知行合一，自觉学法、遵法、守法、用法，维护法律权威。调查显示，大学生在法治学习、法治关注与参与法治宣传教育活动上的情况不够乐观，且存在一定的负面行为。

①懂法和用法不能够做到有机统一，存在知行脱节的情况。

②少数学生存在一定的违规及违反诚信的行为。

第五，大学生违法犯罪时有发生。

在现实生活中，极少数大学生由于法治观念不强、法律意识淡薄、法治素养不足，做出挑战法律底线的违法行为，甚至做出引起社会普遍关注的犯罪行为，最终为法律所不容，扰乱了法治秩序，受到社会公众的强烈谴责。本书认为分析这些案例非常必要也很有意义，它既能够给教育者以启示，也能通过这些社会关注度高的典型案例，让大学生知道哪些行为合法违法，从而重视法治素养的提升。

在此选取五个大学生违法犯罪的典型案例，力求做到具有代表性又可以覆盖多方面。从犯罪类型分类看，包含刑事犯罪与经济犯罪；从犯罪主客体看，包含人与人的关系、人与动物的关系；从犯罪动机看，有过失犯罪与故意犯罪；从案件发生地点看，主要在国内；从涉及大学生群体看，有知名高校、一般高校，也有职业技术学院；从案件起因看，有情感纠纷、交通肇事、同学关系等。这些案例涉及方方面面，既有典型性，覆盖面也较广，同时又与大学生的生活密切相关。

①马加爵案。2004 年，云南大学宿舍中发生一起震惊全国的故意杀人案，凶手马加爵正是该校化学院就读的大学生。马加爵在宿舍连杀四人之后匆忙逃跑，又在逃亡途中杀害四人。案件发生一个月后，身负八条人命的马加爵在海南被捕。最终马加爵被昆明市中级人民法院判处死刑，该年立即执行。

该案例的特征有二：第一，由小事口角引发大案，高校应重视对学生平日口角纠纷的处理。第二，犯罪结果十分恶劣，导致高校内部四人死亡。

该案例带来的启示有如下几点：首先，青年学生正处于心思活络、情绪易变的阶段，同学相处要注重方式方法，尤其要建立在相互尊重的基础上，任何对他人的侮辱、讽刺都可能对他人内心造成不可愈合的伤害；相处要尊重，玩笑要适度，这就提醒我们，在青年成长中，不能仅仅在宏观上加强三观教育，也要注重微观上、技术性的心理健康教育、情绪管理教育。其次，要加强法治教育，刑罚能起到一定程度的威慑效果，能对部分犯罪起到抑制作用，如果大学生平时接受充足的法治教育，或许在犯罪意图形成的那一刻，有可能猛然意识到要经受法律的制裁，或许可以避免悲剧的发生。最后，高校需定期调查同学关系、师生关系，及时发现问题，把问题解决在萌芽状态。

② 2010 年药家鑫案。药家鑫就读于西安音乐学院，2010 年 10 月在驾驶途中撞到被害人张妙，药家鑫因惧怕承担交通肇事带来的法律后果，遂下决心杀人，连刺数刀，最终夺去张妙生命。案件发生不久，药家鑫父母劝其自首，经二审，最终被执行注射死刑。

该案例的直接诱因，是交通肇事发生以后，药家鑫惧怕承担法律后果，激情之下犯下大错。该案有以下特征：一是交通肇事导致激情杀人，行为人因惧怕承担法律责任酿成大错；二是行为人车上携带刀具，犯罪工具获得容易也为激情犯罪提供了机会。

该案例带来的启示：第一，加强对学生交通领域的法治教育。交通肇事是过失犯罪，驾车人很可能因此慌张，理性判断能力降低，高校学生相对稚嫩，面临这种情形更容易做出不当处理。所以，加强交通领域的法治教育，尤其是在交通纠纷、交通肇事犯罪方面进行引导，不仅能将对方损失降低，最终也降低自己的损失。第二，高校应加强对学生的法治教育，使学生对法律有清晰的认识，培养学生树立承担法律责任的勇气。该案例中药家鑫在肇事后因惧怕承担法律责任，产生杀人故意，这就超出了常人的犯罪主观恶性。第三，车上带有刀具，表明药家鑫本人有一定的暴力喜好，要求高校教育要注意消除学生的暴力因素，同时，教育学生遵法守法，不携带刀具等危险物品。

③复旦投毒案。2013 年，复旦大学发生一起令人惊愕的投毒谋杀案。受害者黄洋因食用剧毒化学品中毒而亡，经查，该案件凶手是与受害人朝夕相处的室友林森浩。林因琐事对黄不满，逐渐怀恨在心，黄洋从饮水机中接取并喝下已被林森浩投入二甲基亚硝胺的饮用水，经抢救无效死亡。

该案例的直接原因是林森浩因生活琐事对室友黄洋产生不满。该案例的特点：第一，犯罪主体与犯罪客体均为高校在校研究生；第二，该案例的犯罪工具由实验室获得，与学校相关管理制度联系密切；第三，该案例从日常小事演化而来，日常小事引起的争吵相当普遍，必须引起重视。

该案例暴露出以下几个方面的问题：一是从发生原因来看，该案例显示出高校对寝室文化关注不足，要求高校加强对研究生寝室文化的关注，尤其是对室友关系、师生关系等的重视，需要定期排查情况，关注重点对象。二是从犯罪工具获得来看，该案例暴露出实验室管理，尤其是对有毒有害化学实验药品的管理存在疏漏，以至该案例犯罪主体过于容易取得剧毒化学品；从犯罪心理来看，犯罪工具取得难度、被发现的概率等因素都影响犯罪实行决意，因而应加强管理，将实验室管理规范真正落到实处，依规治校、依法治校。三是从犯罪主体来看，部分高校学生，特别是出身一般的同学，面对社会压力与他人的不当言语时，要格外注重情绪的调节，加强社交能力锻炼，以免走向极端；高校也应当关注这些同学的心理健康状况，发现心理问题及时疏导，避免同类事件的发生。

④河南大学生掏鸟窝案。2014 年，一起大学生掏鸟窝案引起了社会公众的关注。闫啸天是河南郑州职业技术学院一年级学生，偶然之间伙同其友在树上鸟窝中猎取小鸟（国家二级保护动物）12 只。事后，闫啸天将其中 10 只分三次贩卖给郑州、洛阳等地的买鸟人，共获利一千余元。得利之后，两人不知收敛又猎取小鸟 4 只企图获利，但两人最终被拘留批捕。该案例由新乡市辉县市检察院提起公诉，最终判处闫啸天有期徒刑十年半。

该案例的本质属于猎捕、收购野生动物。该案例的特殊之处有三：第一，案中所涉并非人际关系，而是人与动物之间的关系；第二，案中的犯罪主体涉及高校学生，高校学生猎捕野生动物牟利；第三，该案例引起了一定范围的社会讨论，具有一定的教育和反思价值。

该案例的判决具有重大的社会意义，给我们如下启示：第一，对珍稀动植物进行刑法保护的整体反思，尤其是刑罚设置方面的研讨，构成人类中心主义与自然生态权益的冲突图景；第二，警醒民众，尤其是受过高等教育的知识分子，要加强法律的学习，充分理解法律尤其是刑法所表达的行为规范，避免因贪小利而触犯刑罚，同时，高校对学生的法治教育仍然欠缺，应当在现有基础上，探索系统性的法治教育方案；第三，建议动物自然保护宣传与法治教育相结合，将刑法所涉及相关的动物保护条款用通俗易懂的方式向高校学子和社会传达，在鼓励动植物保护的同时培养大学生以及公民的法治意识。

⑤京东白条案。2017 年，大学生汪某发现“京东白条”的规则中存在漏洞，他不需绑定本人银行卡，伪造身份证件就可享受赊账支付的功能，于是，他伙

同好友数人利用规则漏洞套现京东公司网购平台 110 余万元。其后汪某及其同伙被逮捕，9 人因诈骗罪被判处期限不等的有期徒刑，最高者 10 年 9 个月。

该案例的实质是利用相关规则漏洞获利。有如下特征：第一，该案例涉及网络借贷，网络借贷属于新兴事物，高校学生及社会公众对相关法律认识不足；第二，该案例涉及的犯罪主体为高校在校学生，需要我们反思高校学生与网络借贷的关系；第三，该案例中的“京东白条”存在漏洞。

该案例带来的启示有：第一，将大学生道德教育与法治教育结合，应加强高校学生的思想素质教育，培养拒绝贪图小利、违背诚实信用行为的能力，同时加强法律素养教育，开设更多法学通识课程，不仅要注重宏观上的法治理念、思维教育，还要注重法律风险防控。第二，京东白条的设计本意是为方便高校学生，从更广的视角看来，当前很多企业的业务、服务是针对高校学生设计的，同时也有相当多的犯罪主要是面向高校学生的，因而高校学生面临的特有的法律风险增多。因此，企业应当积极承担社会责任，针对高校学生这类群体的文化和心理消费特征，制订科学的风险防控体系。

通过对以上典型案例的分析，可以发现，在高校大学生群体中，仍有少数大学生的法律意识非常淡薄，不能将法治作为自觉践行的文化追求，法治社会、法治国家的建设仍任重道远。提高大学生的法治素养，不仅仅是给他们传授法律知识，更重要的是让他们明白权利的界限，从内心深处敬畏法律、信仰法律。

在众多大学生违法犯罪的案例中，有两点十分突出：一是多方监管的失效，在室友关系中，学校对大学生同学关系的重视不够；在家庭中，家长对大学生的监护不到位；大学生虽然已经成年，但尚未真正步入社会，仍需要一定程度的引导，引导的缺失会导致处在迷茫期的大学生走上歪路。二是法治素养与社会主义核心价值观的协同不足，有很多违法行为刚开始并不能明确判断其危害性，但它无论如何一定是被道德所谴责的。

### （三）高校文化建设方面的问题

文化具有流动的性质，书本中躺着的文字不是文化，因为人没有意识到它，意识到某种知识并以某种方式与外界进行交换流动，文化才得以存在。所以文化的载体是交换通道，其性质是流动的，它发端于个体的认识和意志，在一定的场域中形成个性的或者共性的倾向。

文化建设的本质是塑造一个场域的网络，将其内部的个体囊括其中，并对其产生影响或制约。文化所寄托的场域，是构建于人的基本活动之上的，如人的衣、食、住、行、育等。从文化建设的本质上看，文化建设的作用是对场域中的个体产生了一个多维度、多层次的影响，这种影响是由个体的本部心智状态向外部的表现形式转化，进一步从外部的表现形式内化到个体的内部心智状态，并通过这样的方式在场域的网络中形成一种复杂交错流动的网络。由此可见，文化建设对人的影响是多层面的，同时从个体的、外部的表现形式和内部心智状态施加双重影响。

对于作为高校学生管理工作法律保障的文化建设而言，它是“依法治校”的重要组成部分，是培养高校学生法律素养的重要渠道和手段，与高校学生管理工作法律保障的外部条件和内部要求相互补充、相互作用。所谓法治文化，是指一个国家或民族对于法律生活所持有的以价值观为核心的思维方式和行为方式。法治文化最早在西方产生，探讨法治文化首先要研究西方法律文化。西方法律文化具有法律主治性与范式性特征，其法律主治性在西方表现出的法律文化就是法治文化。“法治”是西方法的传统精神，“正义”是西方法律文化的价值取向。正是在“正义”价值目标的引导下，西方社会主体才形成了普遍的自由、平等、公平、民主和权力至上的观念及信仰法、崇尚法和尊重权利的法治精神和良法主治的文化，这和社会主义法律文化的价值取向基本相同。①

高校学生管理工作法律保障的文化建设，长期以来受到我国传统的“人治”文化和高校人才培养模式的单一影响，造成了法律保障的文化建设只是停留在形式上，很少能够触及法治文化的价值内核和思想意识层面，民主观念和意识难以形成，导致文化建设的水平不高。

我国传统的文化受到“德治”和“礼治”的影响，法治文化在中国的传承上是有缺失的，而法治文化是从西方文明那里学习借鉴来的，这就需要针对中国本土文化的特征建构出一个与区域发展适应性强的法律保障文化体系。当前，高校学生管理工作法律保障的文化建设出现的核心问题主要有：高校法治文化氛围不浓、法治信念文化缺位、制度文化不健全、廉政文化不到位、国家公民文化欠缺等。

1. 制度文化不健全

第一，制度文化当中法治的内涵和精神体现不足，特别是在法律至上的原则、权力制约的原则、公平正义的价值追求、人权保障的基本理念、社会和谐的理念等方面的缺憾尤为明显，从根本上来讲是人治和法治的关系没有厘清，同时在实践中没有严格执行法律至上的原则。

第二，制度文化中的民主性得不到足够重视，在制度制定的过程中、内容上、

① 周建岭．加强高校法治文化建设的探讨 [J]. 产业与科技论坛，2008（05）：92.

实施中，各个主体的共同参与性差。

第三，制度文化的自生长性较差，高校的制度文化是在长期积累中形成的，但是也很可能随着领导的更换而改变，这严重影响了制度文化自生长性的发展。制度文化的自生长性是指在法治环境中的群体已经形成了某些积极良好的氛围，而这些氛围是制度文化自生长的“养料”，领导不经过实际调研的主观判断很可能就打乱和破坏了这种氛围，阻碍了高校制度文化的良好发展。

第四，制度文化的认同度不高，缺乏师生基础。高校法治制度文化是多层次的，包括正式的和非正式的，学校的、院系的、各个职能部门的，这样容易形成多头管理的局面，缺乏系统性；同时，在制度制定和实施的过程中忽视了师生作为法治制度文化建设主体的重要作用。制度文化的建设是自上而下的，缺乏广泛的群众基础，师生对制度文化的认同度较低。

2. 廉政文化不到位

随着我国对高等教育重视程度的加深和投入力度的不断加大，高等教育的规模和质量得到了发展。同时，高校办学的自主权也在不断提升。从积极的方面来讲，它激发了高校办学的主动性和积极性，有利于高校的发展；从消极的方面来讲，“权力”是把“双刃剑”，用在智者的手中会发挥显著作用，用在庸者的手中便是一种“灾难”。在权力和金钱的诱惑下，有些高校的领导和教授深陷其中，丧失了知识分子的底线及其应承担的责任。

3. 高校法治文化氛围不浓

在我国两千多年的封建社会当中，儒家思想作为统治者的工具对民众的意识形态和文化实行控制。从历史发展的角度上来看，儒家思想在一定程度上对社会的稳定帮助较大，其缺点是人治的思想和阶层意识较重。而当下，我国明确提出“依法治国”的方略，这从根本上确定了未来我国在制度和文化上的发展方向。

法治文化的建设是“依法治国”的重要内容，而高校是培养法治公民的重要场域，目的是培养学生掌握法律基础知识并在实践中运用，逐步形成法律意识，成为一个具备法律素养的合格公民。在高校这个场域中，法治文化的氛围对学生的影响是直接和有实效的，目前我国高校法治文化氛围不浓主要体现在以下几个方面：

第一，法治文化和育人功能相剥离。高校在建设法治文化的时候，往往是在走廊、楼梯、餐厅等地方张贴宣传性的标语，标语的可读性差，致使法治文化的建设只是流于表面。有关法治文化的活动开展得很少，无法从真正意义上起到文化育人的作用，只有让法治文化在人与人之间“流动”起来，才能实现法治文化的育人功能。

第二，学生参与法治文化建设程度较低。学生参与法治文化建设的机会几乎没有，高校的法治文化建设模式基本上是高校学生管理者张贴宣传标语和组织法律咨询，而法律咨询几乎无人问津。这样的法治文化建设模式难以调动学生的参与积极性，学生是法治文化建设的主体，而这个主体往往是被忽视的。

第三，法治文化的价值引导功能体现不足。知识的学习不等于学生明白如何运用知识才是正确的，对知识的运用途径是由学生的价值取向决定的，如果单一地教授知识而不关注学生价值体系的教育，将会造成学生在社会中的迷失甚至是犯罪。

4. 高校法治信念文化缺位

法律不是死板的条文，也不是贴在墙壁上的宣传语，而是要内化于公民的知识系统和价值系统之中，是公民信奉的并在实践中践行的信念。

目前，部分高校学生对法律不认同，遇到法律纠纷选择沉默或者找关系，表现出对法治的极端不信任；或者只有到万不得已的时候，才会去关注法治；出现这些现象的主要原因是忽视信念对高校学生的主观能动性的激发作用，以及法治情境建设的不完善、信念缺乏等。

罗杰斯注重信念对高校学生的主体性和潜能的激发作用，这是影响学习的内因。在意义学习的四个要素中，“全身心投入”“自我发起”都与信念密切相关。他认为，学生是一个有目的、能够选择和塑造自己行为并从中得到满足的人，强调“以学生为中心”，最终达到“自我实现”的目的。学习不是向学习者简单地传授相关知识或经验，必须由他们自己积极主动地建构。人的学习活动受到情感、认识、意志、价值观等的影响，人的主动性和能动性正是通过这样的信念才得以实现的。情境学习理论认为，学习者带着丰富的先前知识、技能、概念、信仰和习惯进入正规教育，而这些已有知识极大地影响着他们对环境内容、环境组织和解释方式的理解。情境学习理论认同信念对人的影响，但是他们更加关注知识与情境的关系、个体与共同体的关系，对于人的心智状态的关注较少。

而法治信念文化从本质属性上来讲是个体与情境在法治的场域内互构的过程，人在法治信念文化的情境中受到熏陶，同时个体的思想和行为也影响着法治信念文化的建构。当前，高校学生管理工作法律保障的法治信念文化是缺位的，主要体现为忽视信念对高校学生主观能动性的激发作用和法治情境建设的不完善，以及信念和情境在文化层面上缺乏互构。

在法治信念文化的建设方面，除了要注意学生个体信念和情境塑造的缺失，诚信文化的缺失也是“重灾区”。高校学生存在不诚信行为，如考试舞弊现象，付钱购买代考服务；故意制造虚假信息、荣誉证书；与用人单位签订聘用协议之后，找到更好的工作就毁约；申请助学贷款，拖欠银行贷款，甚至拒绝归还银行贷款等现象。

## （四）高校学生管理体制适切性方面的问题

高校学生管理工作具有很强的地域性和本土人文特征，对于管理和法律保障理论、经验的引入要结合区域的发展状况和本土的人文特征，而不是一味地照搬理论或者成功经验，这涉及高校学生管理工作法律保障的适切性问题。更准确地来说，适切性不是一个目的而是一个过程，是一个事物为了在环境中得到良好的发展而做出的相应变化。在这个变化的过程中，避免不了的是矛盾和冲突，正是因为矛盾和冲突的存在，我们才能够清晰定位需要进一步优化适切性的方面。

### 1. 法律保障体系与现行状况的矛盾和冲突

近几年的一些典型案例证明了以上问题的严重性，如某高校校规规定对参与打架斗殴者一律予以处分，这显然剥夺了《中华人民共和国刑法》确认的公民的正当防卫权；再如某些高校“学生不许经商”的规定，妨碍了学生创业的正常发展，也与国家鼓励学生创业的政策相悖。此类情况在高校学生管理工作中时有发生，某些高校领导在依法治校的过程中，加入了自己的主观经验判断，其出发点是好的，但是没有和国家的教育法律法规保持统一。

从系统论的角度出发，法律保障体系与现行状况的矛盾和冲突主要表现为：教育领域法律法规制定者、高校学生管理者、学生群体之间的沟通渠道是堵塞的，国家教育法律法规和高校学生管理规章制度的统一性和一致性较差，学生对国家教育法律法规的认同度较低。这让我们看清了，高校学生管理工作法律保障体系的建设不是单一层次或者某个主体因素做出努力就可以的，而是要保障整个系统同时发力才能得到良好的发展。

### 2. 法律法规与高校学生管理执法过程的矛盾和冲突

高校学生管理的执法过程主要包括依法管理、执法必严、违法必究三个方面。这是高校学生管理走向法治化的必经路径，要遵照国家教育法律法规制定高校学生管理的规章制度，严格执行教育法律法规和规章制度，并形成一个可监测的违法必究反馈系统。法律法规与高校学生管理执法过程中的主要矛盾和冲突具体表现为高校学生管理无法可依、执法程序不合法、监督和反馈机制缺乏、违法难究等。

（1）高校学生管理无法可依

它是指在高校学生管理工作中，学生管理某些方面缺乏相关的教育法律法规，或者是虽然有明确的法律条文，其内容具体指向不清。由于上位法的缺位，高校学生管理执法过程中出现了不同程度的混乱，加剧了高校学生管理工作和教育法律法规之间的矛盾。我国高校学生管理行为的规范，分成宪法、国家法律法规和校规校纪三个层次。宪法和国家法律法规提供最基本的权利与义务性规定，给高校学生管理活动提供宏观性指导；校规校纪直接规范高校学生管理行为，是各个高校依据《普通高校学生管理规定》而授权制定的。

当宪法和国家教育法律法规对学生管理的某个方面规定缺位或不清晰的时候，高校在制定规章制度和管理学生的过程中容易形成认知偏差和出现管理混乱的情况。例如，某高校在学生管理规定当中提及“申请推荐保送研究生必须是学生干部”，这就与《中华人民共和国教育法》第三十六条规定“受教育者在入学、升学、就业等方面依法享有平等权利”相违背，同样造成了一种“无法可依”的现象。

（2）执法程序不合法

某些高校在处理学生管理事务的过程中没有严格按照国家教育法律法规所规定的程序进行，而这种现象在高校学生管理工作法治化过程中时有发生。例如，高校在制定管理规章制度的时候，学生作为重要的相关主体，应当参与到整个制定过程中并发挥积极作用，但是学生群体在这个过程中往往是被忽视的。此类的执法程序与《中华人民共和国立法法》第五条的规定“立法应当体现人民的意志，发扬社会主义民主，坚持立法公开保障人民通过多种途径参与立法活动”是相违背的。当前，高校的某些管理规章制度都是由管理者制定的，学生的参与权没有体现出来。可见，某些规章制度的制定程序是不合法的，很难考虑到学生的需求，也无法保障执法程序的合法性。

（3）监督和反馈机制缺乏、违法难究

高校在学生管理法律保障建设过程中还未形成科学规范的监督和反馈机制，面对高校与学生之间、学生与学生之间的法律纠纷问题，无法依据相关的法律程序或者管理规章制度向相关的责任人追究责任。一方面表现为我国高校学生管理工作法律保障的监督立法不完善，对高校学生管理仅能提供一种宏观层面的指导，很难从实质上提供帮助；另一方面表现为高校学生管理工作法律保障系统忽视学生的权利，学生作为重要的利益相关者很难参与到监督和反馈机制当中。

（4）高校对学生的法律素质培养不够重视

学生权利受到侵犯时，很少有学生通过法律救济渠道维护自身的合法权益，同时高校对于其在学生管理过程中违法操作的行为采取回避的态度。

3. 高校管理权与学生权利的矛盾和冲突

高校学生管理者和学生是高校学生管理法律保障建设的两个核心主体，随着我国依法治国和依法治校进程的不断加快，这两个核心主体之间的矛盾和冲突也越来越凸显，集中体现在高校管理权和学生权利之间。在高校学生管理者和学生群体的法律关系中，学生作为核心主体之一处于弱势地位。

（1）学业管理与学生受教育权、专业选择权、学位获得权的冲突

学业管理即高等学校学籍管理，是指“高等学校根据国家对高等学校学生德、智、体全面发展的要求，制定规章、制度；并按一定的程序和方法，对取得入学资格的学生从入学注册，成绩考核与记载，升、留、降级、转系转专业与转学、停学、复学、退学、奖励与处分，毕业与毕业资格审查等方面进行的管理”。受教育权是公民依法享有平等、公平的教育条件和机会的权利，是公民的基本权利之一。《中华人民共和国宪法》第四十六规定：“中华人民共和国公民有受教育的权利和义务。”《中华人民共和国教育法》第九条规定：“公民不分民族、种族、性别、职业、财产状况、宗教信仰等，依法享有平等的受教育机会。”

目前，有的高校在行使自主管理权时，对于如开除学籍、退学以及拒绝颁发学位证学历证等使受教育者丧失受教育权利及有关学生重大切身利益事项的处理中，不受法律法规约束。在中国传统的高等教育中，学生的受教育权被严重忽视，而随着我国依法治校力度的不断加强，这一情况已经有了很大的改善，但是仍然存在诸多问题。[①] 特别是在学生依法享有平等的受教育权利方面，仍然得不到足够的重视，学生的主体地位体现不足。

专业选择权是高校学生根据自身的条件和情况，向学校提出申请选择更为合适的专业的权利。高校学生因为个人兴趣、未来规划、自身的条件等，需要选择更适合自己的专业，而高校学籍管理规定，对于符合条件有特殊情况的学生，准许提出转专业的申请。但是有些高校教学管理部门担心学生转专业的人数过多，影响专业的结构性和稳定性。

---

① 孙建京 . 应用型大学教学体系与实践教学基地研究 [M]. 北京：中国电力出版社，2007.

学位获得权是高校学生完成国家人才培养目标，达到高校学位授予的条件和水平，获得相应的学位证的权利。《中华人民共和国学位条例》规定高等学校本科毕业生，成绩优良，达到下述学术水平者，授予学士学位：较好地掌握本门学科的基础理论、专门知识和基本技能；具有从事科学研究工作或担负专门技术工作的初步能力。学位获得权的问题主要体现在两个方面：一是学位授予的条件，二是学位授予程序。许多高校为了保障学生的培养质量，将学位的授予与国家英语四级考试、计算机考试等挂钩，没有满足这些条件的一律不予颁发学位证，此类高校制定的学位管理规定，损害了学生的学位获得权，对学生将来的就业和生活的影响是巨大的。

在学位授予程序方面，一些高校具有相当大的自主权，其学位授予程序是否公正、合法，是否符合国家人才培养的目标和政策有待商榷。

（2）生活管理权与学生的财产权、生命健康权、名誉权冲突

生活管理权是高校依法对学生作为有完全行为能力的公民进行日常生活秩序方面管理的权利，其中涉及财产权、人身权、名誉权、婚姻权和选举权等权利，在此针对其中问题较为突出的财产权、人身权、名誉权的冲突进行论述。

学生依法享有独立的财产权，有私有财产受到保护和不受侵害的权利。财产权受到侵害主要表现为三种情况：第一，奖学金评审和助学贷款程序不合理，操作程序不当，人情因素影响较大，管理者审核不严、学生提交材料弄虚作假等，真正有困难、品学兼优的学生得不到奖学金，严重损害了其财产权；第二，学生财产丢失、被盗等，对学生财物保护措施不到位、对盗窃事件处理程序不合理；第三，学校不正当没收或者扣押学生的财物。

《中华人民共和国民法典》第九十八条规定："自然人享有生命权……自然人享有健康权。"生命健康包括肉体组织、生理和心理三个方面，无论对哪个方面造成伤害都是对权利的一种侵害。生命健康权是一个自然人最基本的权利，是公民最高的人格利益。生活管理权和生命健康权冲突主要的表现形式为：高校管理者对学生的侮辱和人身伤害、学校的教学和生活设施给学生造成的人身伤害事故、在校因食物中毒引发的人身伤害事故、学生之间打斗引发的事故、学生因心理问题自杀或造成他人受伤害的事故、校外人员进入校内造成的伤害事故等，诸如此类的情况引发的法律纠纷、高校生活管理权和学生生命健康权的冲突屡见不鲜。

## 三、高校学生管理工作法律问题的成因

### （一）高校管理者法治观念偏差，能力不足

1. 高校管理者法治观念缺失

我国素有尊师重教传统，“师道尊严”“一日为师，终身为父”观念根深蒂固。受上述传统观念影响，教育管理中突出教师的主导与主体地位，学校、教师具有绝对权威，一些教育管理者的法律意识淡薄，对学生的权利漠不关心。部分高校基层学生管理人员，对依法治校理念的理解仍然肤浅，认为依法治教、依法治校就是用法规治理学校与老师，用法规校规治理学生，未能正确理解法治的真正含义，片面强调学校权力和学生义务，忽视、弱化了学生权利，使二者的冲突在实际的教育教学管理中不断发生。学生处于服从地位，比较容易出现忽视或侵害学生权利的现象，高校至今仍未完全形成法治建设的文化基础和人文氛围。有部分大学生法律意识不强，守法观念淡薄，维权意识淡薄，没有意识到学校规章制度的合理性与合法性，没有意识到自身权利遭受侵害。

随着教育趋势大众化和高等教育的改革与发展，学生与家长权利意识正在逐渐提高，维护自身权益观念逐步增强。但高校及其管理者受到传统观念和习惯影响，未能站在法律视角深刻思考学校和学生之间的法律地位和关系，容易出现滥用管理权力、侵犯学生权利的现象。公权实际上是私权的让渡，权力来自于人民，源于人民的让渡。高校拥有自主办学权力，有权制定内部规则，然而现实中，高校及其管理者，存在自由任意地扩张权力的现象。

部分高校及其管理者未能遵循依法治国、教育法治化要求，规则上设置了过多义务性条款，很少体现权利性条款，制度上强调管理与规范，执行中缺乏正当程序，容易损害侵犯学生权利。部分高校及其管理者法律意识淡薄，错误理解依法办学、依法治校的实质，习惯于原有管理模式、管理方法，注重单向“管、卡、压”，缺乏双向沟通与交流，缺乏民主参与。高校学生管理者的思想观念滞后，法治观念淡薄是造成高校学生管理非法治化的主要原因。在管理中，学校、教师、管理者往往居高临下，具有绝对权威，大学生只能尊重和服从，造成对大学生基本权利的忽视和侵害。

因此，管理者思想观念的改变、法治思想的确立对大学生管理工作法治化的进程是非常有促进作用的。法治观念是对现代社会主体普遍的法律信仰、法律理想和法律终极目标等观念的总称，是一种科学而理性的法律观念，是民主、自由、平等、人权、理性、文明、秩序、效益与合法性的完美结合，权利观念

和平等思想是法治观念的基点。大学生管理工作中存在的一些问题，反映出相关工作人员法治理念的缺失和偏差，大体表现为“重义务、轻权利、重秩序、轻自由”。当前法治建设已经取得一定成就，但大学生管理者重视管理权力和学校秩序的理念仍然根深蒂固，学校、管理者和大学生基本还是存在着控制与被控制、管理与被管理、命令与服从的关系，体现出一定的人治思想。

法治建设中学生管理法治理念的偏差与法治理念宣传和教育的缺乏，导致有些人误以为法治就是规则之治，注重规则的制定和运用，法律工具主义盛行，不够维护学生权益，公平正义未能真正实现。当前高校并不缺乏治理规则，相反，对管理者缺少相应权力的限制。同样，大学生也存在对法治理解的偏差；大学生一切以自己的权利和自由为中心，忽略自身的义务和责任，似乎走向了另一个极端，殊不知秩序是自由的前提，无秩序即无自由。

2. 高校管理者工作能力不足

“学校教育，育人为本，德智体美，德育为先”，这是“以人为本”理念在教育领域的具体化阐述。大学生是高等学校主体，高等教育在从精英教育向大众教育转变的过程中，学校与学生、教授与学习之间关系发生了巨大改变。因此，高校学生管理者在高等教育的教育理念上，应尊重学生主体性。

现实中，“以人为本”的理念，落实不彻底，效果不明显。忽视大学生现实需求和主观愿望，漠视大学生面对的实际问题，存在单纯灌输教育和刚性约束管理现象；相反，也存在着屈从学生，放弃学生教育引导权的现象。在高教规模发展和学生主体性增强的同时，高校学生管理工作者队伍和后勤社会化改革服务模式存在观念错位、问题意识不强的问题，缺乏对学生动机、需求的理性判断，缺乏对教育服务的有效融合，存在思维狭隘、官僚心态等问题，导致解决学生需求氛围不浓，合力不强。教育者的人格魅力是学生最好的教科书，大学生管理者要以“学为人师，行为示范”自勉，践行全员育人、全面育人、全过程育人、全方位育人的理念。面对新技术、新经济时代和当代大学生的发展变化特点，大学生管理者，尤其是基层辅导员老师，仅凭热情、经验和习惯是不够的，更需要拥有知识、智慧和技能。

目前，高校学生管理工作队伍总体上是合格的，有着较高的政治素养、崇高的敬业精神和良好的个人品质，但这些是不够的，更需要知识、智慧和技能的支撑，这样才能减少在实际问题解决过程中因为与现实本领上的差距而产生的问题。一些以辅导员为代表的高校基层学生管理者因为固有的陈旧观念、思维定式，缺乏对当代大学生内心世界和真实想法的了解，语境上存有代沟；一些高校学生管理者富有工作热情但缺乏业务知识和技能；一些高校学生管理者遇到大学生的法律问题，不知所措，缺乏一定的法治能力，主要表现在缺乏“预见行为的法律后果的能力、评价行为的合法性的能力、维护合法权益的能力、监督公权力的能力、表达个人法治主张的能力”等。

信息化社会，人们的思想认识来源于现实生活的体验与平等的交互影响，因此高校学生管理者要在信息获取和理解消化上优于学生，避免因“本领恐慌”引起师生之间的“代沟”。因此，高校学生管理者要“勤于睿思、博于问学”，以此自省，成为现代知识的领路人。

## （二）法规校规不够健全

### 1. 法律滞后保障缺位

改革开放以来，尤其近些年，我国社会主义法律体系基本建立起来，高等教育法律法规得到丰富完善，但也存在法律滞后、保障缺位等诸多问题，有待健全完善。1995 年颁行的《中华人民共和国教育法》和 1999 年颁行的《中华人民共和国高等教育法》有着划时代的意义，但也有不足，主要体现为规定较为笼统和抽象。《中华人民共和国教育法》第四十二条和《中华人民共和国高等教育法》第六条规定了学生享有的各种具体受教育权，但对于学生的其他权利，诸如申辩权、听证权、申诉权、诉讼权等程序性权利，涉猎不多。

随着市场经济的发展，高等教育蓬勃发展，民办高等教育如雨后春笋般发展壮大起来，教育消费成为常态，高校公益性日趋弱化，反映了现有法律较当前社会实践具有滞后性。针对大学生权益，《中华人民共和国高等教育法》并未详细规定，仅见第五十三条第二款即“高等学校学生的合法权益，受法律保护”，其余条款更多地对大学生行为加以规范、约束，确保高校规则、制度、秩序的实现。

《学位条例》和《普通高等学校学生管理规定》颁行多年，但内容漏洞也比较多，缺陷尚未及时弥补。《学位条例》中授予学位具体标准规定不明确，学位答辩委员会、学位评定委员会的组成与人数相关规定不细致，听取大学生陈述和申辩程序制度规定不详尽等。《普通高等学校学生管理规定》规定了大学生申诉的流程、途径，但还不完善，表现为申诉的性质和效力不明确，申诉处理委员会组成和产生办法不明确，大学生申诉过程中程序权利不明确，申诉处理委员会独立性不够等局限，大学生申诉制度目前没有起到应有的效果。教育部《普通高等学校学生管理规定》和《国家教育考试违规处理办法》两个部门规章，针对考试作弊问题，存在一定空白之处，且法律位阶较低，也没有形成完整统一的体系。

总之，有关高校学生管理的法律法规和规章一定程度上为高校学生管理法治化提供了依据，但尚未形成统一的体系，存在内容不明确以及缺乏操作性等问题，致使高校学生管理不能切实“有章可循”。保障大学生合法权利是高校学生管理法治化的核心内容，大学生权利从“应然”状态转化实现为“实然”权利，还需要一个漫长的法治建设过程。

2. 高校学生管理制度存在缺陷

以往高校学生工作注重管理的有序有效，对工作管理的合法性与大学生权益保护救济不够重视。高校学生管理法治化除依据相关法律法规外，更要依靠学校章程和管理制度来进行规范管理。学校章程和规章制度是高校教育生活有序运行的必要保障，是大学生管理的参考依据。

我国高校制定的学生管理制度缺陷共性在于缺乏可实践性、可操作性和指导性，大学生义务条款多，权利条款少，缺乏程序性权利，合法性审查不足，近些年来不断遭到质疑和诉讼，各种缺陷梳理如下。

（1）制度与法相冲突

一些高校学生管理制度规定的内容超出法律法规规定的范围，高校具有自由裁量权，发生“越位现象”。学校将相关法律法规进行细化形成制度作为大学生管理的基本依据时，未能充分考虑制度与法律法规是否一致，不适当地扩大了学校规章的适用范围，不适当地增加了大学生义务，不适当地限制了大学生的正当权益。例如，当前大学生一旦考试作弊受到留校察看等处分，不予颁发学士学位的规定受到质疑，争议焦点在于“考试作弊受到处分，学校不予颁发学位证书，有无法律依据”。据此，学校依据学校规章制度对大学生进行处分时容易出现越权现象。

（2）制度缺乏合法性

制度缺乏合法性，体现在制定主体、制定程序和制定内容上。学校规章制度（校规校纪）制定主体不明，不能确定是该由学校还是职能部门作为制定主体，大学生管理具体到学生入学、教育教学、奖励处分、餐饮住宿、社会活动等方面哪一部门负有职责，需要学校章程和规章制度明确规定，否则学生管理部门有可能超越职权或者滥用职权，容易侵犯大学生的合法权益。学生管理制度的制定程序不完善，具有随意倾向，制定程序缺乏民主，未有广大学生参与，未能探求学生真实思想，缺乏有效的约束和规范，会影响规章制度的整体效率和生命力，也影响规章制度的连续性、稳定性、配套性，不完善必然导致规章制度无法被普遍认同，招来学生的非议与不满。为了管理上所谓的“效率”，学生管理规章制度规定大学生的义务和责任条款多，缺乏对大学生权利的规定。此外，有的规章制度内容陈旧，与时代脱节，不够与时俱进。

（3）制度缺乏系统性

学生管理制度数量很多，并不缺乏，但体系不健全，缺乏系统性。部分高校缺乏长远全局规划意识，不能够对各制度进行合理统筹安排，学生管理制度相互之间存在交叉、冲突、疏漏，各制度之间相互矛盾、缺乏呼应、形不成合力，辅导员等大学生管理者不知如何运用，影响学生管理制度的合法性与合理性。

（4）制度缺乏公开性

学生管理制度涉及大学生权利的方方面面，制度制定过程应有适当学生的民主参与，倾听学生心声，接受学生意见；学生管理制度制定后以文件、公告等形式向学生公布，在校园网上发布供全校师生备查。然而，事实上实践中的效果不是非常理想，大学生管理制度仍披着一层神秘面纱，缺乏公开透明性。

（5）制度缺乏操作性

高校学生管理制度是辅导员等学生管理者开展工作具体适用的第一性规范，应用性、可操作性是其必然要求。然而，现实是高校学生管理规章制度大多属于宣言性规范、原则性规范，缺乏可操作性，一定程度上导致学生管理的随意性。在实践工作中，重制定、轻执行，削弱了制度的实际效力，使许多制度丧失了本应有的意义和价值。

## （三）学校管理机制不佳

### 1. 管理模式存在弊端

高校在教育管理活动中承担起教育责任、学术责任、服务责任，旨在培养合格的社会主义建设者和接班人，虽对“培养什么人”达成宗旨一致性，但实践中未能形成“怎样培养人”的工作模式。实践中，高校、大学生管理者是实施单向灌输的教育者和具有行政权威的管理者，这导致学生管理刚性、同一，毋庸置疑，此种管理模式在一定时期保证了学校正常的教学秩序、生活秩序，但过于追求一个步调、一种风格、一种色彩，忽视学生个体需求与学生主体作用，有碍学生个性发展。

### 2. 管理组织的发展变化

以往大学生管理，主要依靠“建制”的行政班级来实施管理。当前，随着网络信息技术的发展与高校学分制、后勤社会化的推行，学生学习、生活环境发生了变化，传统意义上的班级、宿舍无法满足现代大学生教育管理的需要，社团、网络虚拟组织等多元化非正式组织不断产生。上述变化趋势，导致原有管理组织功能的减退，如学生会等组织发挥作用不明显，不能广泛真正地代表学生利益，新的管理组织不断产生并逐渐走入中心位置。面对新情况、新问题，大学生管理出现盲点，不能与时俱进适应环境的变化，各种学生组织存在诸多问题，组织需要不断地解构和重构。

3. 管理程序上存在瑕疵

管理行为一定程度上存在敷衍性，在具体的大学生管理行为中，部分管理者抱有“应付”“完成任务”的心态，只是将本职工作做完就行，不考虑做完工作后达到什么样的效果，不考虑大学生的利益是否受到侵害。高校学生管理的关键环节，缺乏符合法治精神的程序规范，导致大学生合法权益受损，这种情况一定程度上归因于学校规章制度的法律缺陷。“程序瑕疵”是高校讼案反映出来较为普遍的问题，大学生管理程序有瑕疵，是影响大学生管理法治化的一个重要因素。

正当程序是相对人权利得到保障的基本要求。受传统观念、习惯行为方式影响，大学生管理工作中管理者的程序意识严重缺失，追求便捷，往往忽略正当程序中的各项程序环节，即使履行程序，也更多地停留在形式主义上，缺乏对大学生程序性权利的保护，存在重实体、轻程序现象；高校相关职能部门、大学生管理者在行使处分权过程中，尤其涉及大学生身份变更时，缺乏正当程序，程序不规范，导致大学生丧失程序性权利。以高校中常见的大学生考试作弊为例，一旦发现考试作弊，学校很快通过校园网等公布处理决定，此种做法有利于避免各种人为影响，但由于作弊大学生没有充足的时间与精力进行反应，一定程度上也限制了大学生的陈述权、申诉权，值得反思与改进。在实践中，更多的是学生处分决定下来后告知学生本人，缺乏研究处分决定前的学生申诉环节。

### （四）专职辅导员专业化程度低

就我国高校学生管理工作队伍来看，很多高校专职辅导员大多是各个专业的毕业生，所学专业与从事的大学生管理工作相关度不大，专业背景、知识结构复杂，缺乏对教育学、心理学的专门学习和实践，加之，进修机会不多，对大学生的管理经验欠缺等，必然带来辅导员专业化不足等问题。

### （五）学生参与管理不够

法治建设过程亦为民主滋生和演进的过程，失去民主，法治即倒退回人治。

民主参与作为民主的有效形式主要运用于国家治理中，在组织内部也具有同样的应用价值。高校的民主参与机制可以较好地解决高校各类问题。

《普通高等学校学生管理规定》第 41 条规定，“学校应当建立和完善学生参与民主管理的组织形式，支持和保障学生依法参与学校民主管理。”大学生是高校法律关系的主体，在高校学生管理过程中要体现民主精神，保证大学生广泛参与与学生有关的学校各项管理事务，这是高校学生管理工作法治化的重要内容。然而现实是大学生参与学校各项管理不够，存在参与程序不规范、参与范围不大、参与途径少、参与机会少等问题。我国大学生民主参与的不足还表现在，大学生民主参与的层次较低，大学生民主参与的热情不高，大学生民主参与的渠道不畅，大学生民主参与的网络建设滞后。

### （六）学生法治意识淡薄

对于高校学生管理工作而言，以法治校的出发点是要通过法律基本原则和校内规章制度来规范学校、教职员工和学生的行为，为教育事业发展和教育教学工作提供基本工作保障。但不可否认，教育自身包含着德治理念，教育过程又充满着对学生的包容和引导。高校往往在实践中，更多强化德治理念，寄望于春风细雨润桃李，缺少了法治教育，学生在思想源头上就可能出现理念缺失，进而导致法治水平不足，学生的法治意识淡薄，使法律制度成为摆设，不利于学校法治建设与管理。

### （七）学生群体特征的挑战

当代大学生，在日常生活中，俗称“00 后”大学生群体，是出生于 21 世纪在大学校园学习与生活的大学生群体。社会上对他们的评价，褒贬不一，存在诸多分析和解读。本书从“认知、情感、心理和行为”四个维度来把握大学生的群体特征。

1. 喜忧参半的独立性认知

当代大学生的生活轨迹离不开网络，他们是网络的登录者、接受者、传播者。网络信息的多元性、知识获取的多样性、自身存在的逆反性的结合，导致大学生不再过分依赖教育，彰显独立性和个性化。

2. 色彩交织的体验性情感

大学生处在情感丰富、易于变化的青年期，他们是时尚的始作俑者和热烈拥护者，具有激情与冲动、敏感与波动、体验与判断同在的情感特征。

3. 进退共存的变动性心态

当代大学生拥有优越舒适生活环境的同时伴随着严酷的社会竞争，二者的反差与矛盾，导致大学生面临越来越多的心理压力与冲突。心理压力过大，大学生会出现进退共存的心态，容易出现认知上忽明忽暗、情感上忽高忽低、动机上忽强忽弱的状况，同样地，他们也会因有效激励而自强，也会因不利刺激而消极。

4. 褒贬相随的开放性行为

当代大学生具有更多张扬个性、展示自我的空间和舞台，拥有更多的选择。在思想观念、价值取向多元化的社会中，他们更加务实和客观，他们对社会问题给予了高度的关注和热情，对自身进步表现出强烈的需求与渴望，同时基于主观臆断、急功近利等因素，也存在缺乏理性，过分放纵，体现任性的情况。

上述大学生群体特征若处于中性的话，那么下面四个负面趋势让我们担忧。

①学业上无根。当代大学生的学业和学习，几乎成为“快餐文化”背景下“快速致富”的手段。他们偏好实用感性，疏远科学理性，他们淡泊童年理想，弥散学习目的，尤其在网络时代下，信息的表象激增与知识的本原丢弃并存，他们的盲动引起人们必要的担忧[①]。

②创新上薄志。当代大学生缺乏发现问题的创新意识，缺乏抵御失败的创新意志，表现为随意、潇洒和慵懒，带着“酷”“炫”的标签。

③交往上少信。网络环境下，空间距离越来越近，心理距离越来越远。在现实环境中不能实现的空想与幻想，可以在网络虚拟环境中扮演和实现，彼此交往的真实成分已所剩无几。

④精神上失求。大学生对中华传统美德的质疑与反叛，对自身使命与责任的逃避与放弃，体现出他们对精神追求的迷茫，表现出他们对精神家园的背弃。因此，他们用亮丽的外表、张扬的个性和随意的选择来填补人生的空寂。

综上所述，可以归纳出，当代大学生是一个成长发展中的群体。他们不管多么时尚、多么张扬，他们渴望被认同、尊重、理解、信任和容纳，因此要实现学生的渴望与管理者的愿望无缝连接，为大学生管理提供充足空间，大学生管理者要引领和推动这个群体成长和进步，要在满足大学生需求中再造管理模式，在实践工作中建构出新型组织，在彼此互动参与中增强共识。

① 冯培．中国高校学生事务管理模式创新 [M]. 北京：中国人民大学出版社，2009.

# 第四章　高校学生管理工作理念的创新

我国高等教育的不断发展要求高校教育管理体制进行深刻的变革，以往传统的学生管理工作形式已跟不上现代化需求，高校学生管理工作理念需要进行有效更新。本章分为高校学生管理工作理念创新的意义、高校学生管理工作理念创新的内容、高校学生管理工作理念创新的路径三部分。主要内容包括：高校教育创新的意义、深刻认识高校学生管理工作理念创新的重要性、高校学生管理工作理念创新的重点方向等方面。

## 第一节　高校学生管理工作理念创新的内容与意义

### 一、高校学生管理工作理念创新的内容

#### （一）树立民主的理念

在当前的学生管理工作中，学生要求平等参与涉及自身利益事务的欲望越来越强烈，我们必须强化学生管理工作中的民主观念，彰显人文管理精神。这是因为现代大学生是一个具有较高素养的特殊社会群体，他们对事物的认知有其独特的判断能力，较少盲从，一般难以接受命令式的管理，更反感管理者用行政命令的方式来推动其管理目标的实现。

#### （二）树立法治的理念

一是宪法权关系。在这一关系中，学生是权利主体，学校是义务主体，学校代表政府来满足公民受教育权利的要求，学校无权随意剥夺公民接受教育的权利。

二是行政权关系。政府委托高校行使对学生的管理权，学校虽然不具有行政机关的资格，但法律赋予它行使一定的行政管理职能，这种法律关系强调管理和服从，在这种情况下，学生是义务主体，学生有义务遵守国家的法律法规以及学校的管理规定，双方的主体地位是不平等的。

## 二、高校学生管理工作理念创新的意义

### （一）是做好学生管理工作的首要条件和客观要求

随着改革开放的深入和市场经济的发展，学生对各种思想、文化的接受和选择有了更广阔的空间，社会上的各种思想和价值观念必然对当代大学生产生巨大的影响，给学生管理工作带来新的挑战。

同时，我国大学教育的管理现状，还存在着许多不适应之处，突出表现在许多教育管理人员仍沿袭传统的单一模式和思维习惯，原有的以学校和教师为中心、忽视学生主体性的管理模式，使学生管理工作面临新的困境。

### （二）是做好学生管理工作的逻辑起点和必要前提

当前的高等教育正由精英教育向大众化教育阶段跨越式发展，既要把学生视为接受教育的对象，又要把学生当作管理服务的主体；既要严格管理规范，又要重视教育引导；既不能一味追求意志统一，又要充分保障学生权益；既要强调集体观念和社会需要，又要趋向于人的个体需求与素质发展。

因此，21 世纪的高校学生管理工作首先必须对管理理念进行创新，并把这种理念创新当作高等教育大众化条件下学校管理工作的逻辑起点和必要前提。

# 第二节　高校学生管理工作理念创新的路径

## 一、高校学生管理工作应秉持以人为本的理念

### （一）转变和创新教育观念

建立以人为本的高校教学管理制度是当前社会背景下的必然趋势，针对高校现行的教学管理制度，应积极转变和创新教学观念，始终坚持以人为本的原则，树立以学生为本的新理念。将教学思想、教学观念、教学理论具体落实到教学管理制度中，发挥教育思想、观念、理论和重要实践作用，不断更新和完善教学管理制度，体现以学生为本的原则和理念，实现对高校教学管理制度的改革和创新建设，培养出符合现代技术背景下社会需要的人才。

结合学生的需求，对学生的个体情况和发展目标进行详细分析，将学生的发展作为教学管理制度的根本目标，使学生的主体地位充分凸显出来，尊重学生的各种选择，一切为了学生、为了学生的一切。打破以往由学生和社会适应现有高校教学管理制度的陈旧观念，树立起由高校管理模式积极适应社会需求

和学生意愿的新理念，将自身作为服务者，向学生提供高质量的教育教学服务。结合教师个人的发展需求和目标，真正满足教师、学生的发展需求和学习需求，培养出符合社会发展要求的、合格的社会主义建设者和接班人。

### （二）改革学分制教学管理制度

为了推动教学管理制度的改革，高校有必要从学分制的教学管理制度着手，进行学分制教学管理制度的改革和创新，建立起学生自主学习的相关制度，对人才培养的模式进行改革，将学生专业的选择权赋予学生，逐渐凸显出专业选择的开放性特征。学生在对自身的兴趣爱好、特长方向等进行全面的分析后，自主进行专业选择、专业变更、或中途转学等，按照学生的个性化发展需求，向其提供充足的发展平台和机会。对于学生选择课程、教师、学习方式方面，可加强对必修课的控制，改革培养计划，提高选修课在课程中的总占比，鼓励跨专业的选修课，增加选修课数量，建立起相关制度，允许学生跨年级、跨专业进行课程选修，将选择教师的权利赋予学生。建立起教师挂牌上课的详细制度，由此进行公共基础课的教学活动，由学生结合自身的实际条件和学习能力，选择不同的学习方式，以达到自己所期望的学习结果。

加强对现代信息技术的有效运用，构建起学校的学习网站，引进微课、慕课等新形式，让学生可以根据学号和密码进行登录学习，实现先进技术手段和教学管理制度的结合，真正实现教学管理制度的改革和创新，满足学生的多样化学习需求。不再硬性要求统一时间、地点和媒体决定学生的学习方式，培养学生的自主学习能力和自我负责的精神。

适应生源的多样化学习需求和多样化休学、创业等需要，采取弹性学制，结合学生自身的实际情况，可以进行休学、多选、少选。对学习进程和年限等实现自主选择，允许学生提前毕业、推迟毕业、停学一段时间后再来学习和毕业等，强调学生自主学习的弹性。

### （三）强化学生的知情权和参与权

高校教学管理制度是高校运行和发展中的关键要素，对教学秩序起协调和稳定的作用，能够将教学活动的积极性和创造性充分调动起来，并维护良好的教学氛围，对提高高校的教学质量和管理效率，提供切实的保障作用。高校教学管理制度应真正凸显学生的主体地位，以学生为本，建设由学生参与制定的教学管理制度的新模式，赋予学生一定的知情权和参与权，实现教学管理制度建设的创新。让学生参与其中，推动高等教育教学管理的改革和深化发展，高校应始终将学生作为学习的主体和学校培养工作的核心要素，对学生的学习需求、选择方向进行详细的调查和研究，将学生的需求信息收集和整理后，为各项制度提供切实的数据支持。将教学制度管理的有效性落到实处，而不是浮于形式表面，忽视了对学生学习主体效果的关注。

例如，可以让学生充分了解高校的教学改革举措，收集学生对教学建设和改革的建议、意见、看法等，加强对教学一线情况的了解与掌握，设置学生助理和学生教学质量信息员的岗位，由学生担任，使其成为教学管理者和学生之间的重要沟通纽带。由此，更有针对性地制定和实施教学管理制度和改革举措，充分体现学生的学习主体地位，落实以人为本理念，保障高校教学管理制度的整体效率，从而促进学生更好的学习和发展。

## 二、高校学生管理工作应秉持契约理念

高校和学生之间的民事服务关系，是一种平等的民事契约关系。学生享有完全的自由、平等权利，有权要求学校提供高质量的服务，例如，高校在收取学生缴纳的诸如学费、住宿、生活用品、网络服务、餐饮等方面的费用后，有义务按承诺提供相应的产品与服务。高校在特定范围内，特别是在确立、变更、终止民事权利与义务关系的领域，如高校提供住宿、学生交纳费用，学生提供一定劳务、学校支付一定劳务费等，通过高校或高校职能部门与学生之间订立民事契约，达成一定目标，已成为世界各国普遍采纳的方式。从同为民事主体的角度来看，学校和学生之间应该是一种平等的关系，双方都对对方既有权利又有义务。学校在拥有对学生的管理权的同时，学生也拥有维护自己权益的权利。学校不再拥有绝对的权威，学生也不再是完全的被管理者，二者之间具有平等的地位。

## 三、高校学生管理工作应秉持开放理念

### （一）开放理念的科学内涵

“开放”作为专业术语，一词多义，各个领域均有涉及，不同的学者根据不同的视角进行研究，内涵有很大区别。《现代汉语词典》把开放定义为：“解除封锁、限制，允许进入或利用。”《大辞海》将“开放”定义为，“建设中国特色社会主义、实现社会主义现代化的一项根本的方针政策”。开放主要指对外开放，指的是国家经济的发展政策和措施，即国家积极主动采取措施，放宽各种政策，扩大对外交往，取消相应的限制，积极利用一切有利因素发展开放性的经济，提高经济的发展水平，推动社会主义建设。随着综合国力增强，中国积极同世界各个国家和地区建立新型的合作关系，奉行互利共赢的开放发

展战略，共建人类命运共同体，为创造世界经济更加美好的明天不懈努力。

受经济全球化影响，我国开放的程度也在不断加深，国内各个地区之间的联系也日益紧密，迫切需要打破区域之间的屏障，加强区域合作，共同面对风险与挑战。从一定意义上说，开放还应包括对内开放，不仅在经济方面开放，而且还包括国内各个地区之间政治、文化、生态、科技等方面的开放。党的十八届三中全会《关于全面深化改革若干重大问题的决定》中提出，“推进金融、教育、文化、医疗等服务业领域有序开放，放开育幼养老、建筑设计、会计审计、商贸物流、电子商务等服务业领域外资准入限制”。通过对内开放政策的实施，内外统筹、破立结合，缩小各个地区之间的发展差距，推动协调发展，提升开放的质量和水平，从而有利于社会的公平公正。开放发展理念的主要内容包括主动开放、双向开放、全面开放、共赢开放四个方面，为新时代中国的对外发展提供积极有益的指导。

## （二）高校学生管理工作中开放理念的基本要求

### 1. 应突出高校学生管理开放的主导性

要重视思想政治理论课教学在学生管理中的主渠道地位。“教学有法，教无定法，贵在得法”，应根据大学生的认知特点，不断丰富教学手段，加强实践教学的环节，强化课程研究，确保讲出新意和特色、说出深度和规律，讲出学生想听的和我们想说的，提高教学的针对性和实效性。

必须始终坚守思想政治教育这块学生管理工作的主阵地，坚持贴近实际、贴近生活、贴近学生的原则，把学生公寓建设成为融思想教育、行为指导、生活服务、文化熏陶为一体的“第二课堂”。加强思想政治教育主题网站建设，综合运用技术、行政和法律手段，全面加强校园网络管理，防止有害信息在校园网上传播。加强网络管理工作队伍和网上评论员队伍建设，掌握校园网舆情，引导网上舆论。

要切实开展好党团组织活动、高品位的校园文化活动、大学生社会实践活动、科技创新创业活动和体育活动，引导学生在活动中受教育、长才干、作贡献。

要重视高校学生管理工作队伍建设。做好学生教育管理工作，光靠经验和热情是不够的，必须有一批从事学生教育管理的高水平的专家，应从制度、政策、人事编制、职务职称序列上鼓励一些德才兼备又有奉献精神的同志去从事学生的教育管理工作，让他们真正把这项工作当作一项事业、当作一门学问、当作一个可以建功立业的岗位去钻研和奋斗。

2. 应增强高校学生管理工作开放的针对性

高校学生管理工作要从学生最关心、最直接、最需要、最现实的问题入手。一要引导学生学会学习，变“学会”为“会学”，更新学习观念，变革学习方式，创新学习手段，提高学习效率。二要引导学生学会自强，变“助我”为“我助”，进一步落实助学贷款，设立助学奖学金，建立与就业相结合的奖学金制度，组织好学生勤工俭学。三要引导学生学会创业，变“就业”为“创业”，把培养学生的创新精神、创业本领、实践能力放在重要位置，改革教学内容和课程体系，完善鼓励和支持高校毕业生创业的制度和措施，提供创业的优惠条件，加强对创业活动的指导和管理。四要引导学生加强心理健康知识普及教育，通过宣传倡导、教育引导、活动推导、家长督导等途径，做好心理健康教育工作，加强危机干预，消除潜在隐患。

3. 应强化高校学生管理工作开放的基础性

大学历来是社会文明的源头，是引领文化潮流、传播科学思想、开创文明新风的地方，倡导和谐理念、培育和谐精神是现代大学精神的应有之义，大学应该担负起和谐社会首善之区的使命。在建设社会主义和谐校园中，要发挥高校学生管理工作的思想导向作用，奠定和谐校园建设的强大思想基础；要发挥高校学生管理工作的价值引领作用，倡导和谐校园的正确价值取向；要发挥高校学生管理工作的道德规范作用，构筑和谐校园的坚强道德支撑；要发挥高校学生管理工作的文化建设作用，形成促进和谐校园建设的文化环境。开放的高校学生管理工作必须坚持教书与育人相结合、教育与自我教育相结合、政治理论教育与社会实践相结合、解决思想问题与解决实际问题相结合、教育与管理相结合、继承优良传统与改进创新相结合。就管理而言，还应坚持将严格管理和科学管理、民主管理和依法管理相结合。按照依法办学、依法管理的要求，建立起学生维权工作机制，使思想教育与维护和保障学生权益工作相统一，提高学生的权利和义务意识，使学生的各种权益得到切实维护和保障；凡是办理有关学生事务，制定出台涉及学生切身利益的政策、规定、程序，都必须通过一定渠道听取学生的意见，做到公开透明，真正建立起维护和保障学生权益的服务体系，确保培养目标的实现。

4. 应牢牢把握高校学生管理工作开放的方向性

要坚持用邓小平理论、“三个代表”重要思想科学发展观、和习近平新时代中国特色社会主义思想等马克思主义中国化最新成果武装学生头脑、指导学生实践、推动学生工作，牢牢把握学生管理的指导权、主动权、话语权。

要牢固树立中国特色社会主义的共同理想，引导学生自觉在党的领导下，走中国特色社会主义道路，为建设民主、富强、文明、和谐、美丽的社会主义现代化强国而勤奋学习，建功立业。

要大力弘扬民族精神和时代精神。民族精神和时代精神是社会主义核心价值体系的精髓，只有大力弘扬民族精神和时代精神，才能使大学生始终保持昂扬向上的精神状态。

要深刻认识社会主义荣辱观的科学内涵，真正弄清其与社会主义市场经济相适应、与社会主义法律规范相协调、与中华民族传统美德相承接的深层关系，科学把握其先进性导向、广泛性要求和群众性基础的内在统一，促进社会主义道德体系在学生心中扎根。

## （三）开放理念在高校学生管理工作中的重要意义

开放的中国需要开放的高等教育，开放的高校学生管理工作是开放高等教育的一个重要组成部分。落实习近平新时代中国特色社会主义思想，构建社会主义和谐校园，弘扬社会主义核心价值体系，对高校学生管理工作提出了新的要求。

开放促进了高校内部管理体制、教学方式、管理模式的改革，在学生教育管理方面呈现出以下一些变化：一是学分制的逐步实行，“同班不同学，同学不同班”人数增多，使学生由班内走向班外；二是实践课程比重增大，理论教学课时相对减少，使学生由课内走向课外；三是后勤社会化的实施，分散住宿范围扩大，使学生由校内走向校外；四是法制观念的逐步强化，学生维权行为时有发生；五是大学国际化的推进，形式多样的国际合作办学增多，使学生由国内走向国外；六是网络的普及和便捷，已成为与家庭、学校并列的第三种成长环境，使学生由现实世界走向虚拟世界。因此，高校学生管理工作，必须针对上述新变化，适应开放提出的新要求，审视开放带来的新挑战，采取扎实有力的措施，将教育管理的任务落到实处。

现在的大学生崇尚自我、个性张扬，面临着成才发展要求与教育教学以及学习、生活条件相对不足的矛盾，面临着越来越强的维权意识、自主意识与自律意识薄弱、抗挫折能力不足的矛盾，还面临着在日益开放和多样化的社会生活环境中自我价值的选择、取舍的矛盾。高校学生管理工作应贴近学生的学习和生活，帮助他们解决成人感与孩子气、求理解与易闭锁、尚理智与好冲动、理想化与现实性、社会多样化与信念一元化等困惑，帮助他们在包容中形成思想共识，在理解变化中促进健康成长。只有这样，高校学生管理工作才能得到有效的改进。

高校学生管理工作是一个具有特定功能的组织系统，开放是其重要特征之一。高校学生管理工作目标的实现和任务的完成取决于学生教育管理系统内部要素的合理建构和与外部环境的物质转移、能量循环和信息交换。高校学生管理工作的开放，一是指其系统内部的相互开放，即理性提升的教育系统、规范强化的管理系统、学习生活的服务系统等子系统有分有合，资源共享，互相利用，从而促进资源配置和利用效率的提高。二是指其系统的对外开放，即对社会开放，一方面接受社会辐射，积极扬弃，争取资源，为我所用；另一方面发挥高校思想高地的作用，影响社会，引领发展，增进和谐，促进学生管理水平的提高。因此，在改革开放的历史条件下，做好高校学生管理工作，需要强化开放的理念。

1. 开放理念是加强和改进高校学生管理工作的本质要求

“没有开放，就没有大学教育”“培养什么人，如何培养人”始终是高校孜孜不倦地思索、追求、实践的根本理念。前者要求解决好教育的理想性和现实性相结合的问题。大学教育说到底是一种“完人”的教育，正如爱因斯坦所说的那样：“当学生走出校门的时候，他应该是一个和谐的人，而不应仅是一名技术人员。”和谐的人应具有社会中的共生意识、发展中的合作意识、理政中的法治意识、交往中的宽容意识和建设中的生态意识。后者则要求处理好教育的规范性和开放性相结合的问题。教育的规范性是通过制度、传统、习惯、氛围等环节来体现的，而教育的开放性则表现为教师与学生、学校与社会、有形教育与无形教育的互动，实现的途径就是以开放的理念推进学生教育管理开放，使大学教育成为终身教育体系的一个重要环节，成为学习型社会建构中的一个重要园地，成为与家庭教育、自我教育、社会教育相贯通的一个重要枢纽，成为学生社会化过程中的一个重要阶段。因此，推进高校学生管理开放，不仅是理性的自觉，更是现实的需要。

2. 开放理念是加强和改进高校学生管理工作的原动力

开放促进高校学生管理改革，推动高校学生管理创新。开放使高校学生管理工作视野由窄变宽，动力由小变大，要求由低变高，措施由软变硬，导向由虚变实，负荷由轻变重，节奏由慢变快，从而使高校学生管理工作呈现三个鲜明的价值取向。

（1）“三力”合一，同频共振

即国家的意志力、学校的执行力、学生的内驱力在具体工作理念层面实现有机统一，使学校的发展目标与国家的战略需求相同步，学校的教育教学要求与学校发展目标相协调，学生的教育管理举措与学校的教育要求相匹配，学生的内在需求与学生教育管理的举措相一致。

（2）“三成”共举，协同俱进

即成人、成才、成功在具体工作目标层面实现有机统一，使学生真正地形成在淳朴中适应、在和谐中竞争、在厚实中创新的良好品格，使高校学生管理工作在促进学生全面发展与充分发展、课堂教学与实践锻炼的内在统一上尽责有为。

（3）“三有”并行，交融渗透

即有情、有理、有效在具体工作操作层面实现有机统一，把爱的教育贯穿于高校学生教育管理的全过程，把理论学习、教育和实践作为高校学生教育管理的一项重要任务，把解决问题、启迪心智、引导发展作为高校学生工作的重要切入点。

3. 开放理念是加强和改进高校学生管理工作的重要保证

一般，开放的高校学生管理工作具有三个特点。

（1）自觉性

高校学生管理工作的加强和改进是一个不断求真、崇善、尚美的过程。求真就是合规律，高校学生管理既要合教育内部的规律，还要合教育外部的规律，否则就会事倍功半。崇善就是合目的，高校学生管理要全面体现党的教育方针，做到让党放心、让人民满意、让学生喜欢。尚美就是合形式，高校学生管理要在构建社会主义和谐校园中做出更大贡献。

（2）自律性

开放的高校学生管理工作是对传统循规蹈矩、就事论事的工作方式的超越。开放不是放手不管，更不是放任自流，而是用开放的理念统揽全局，用开放的心态包容多样，用开放的举措推动工作。

（3）自为性

开放的高校学生管理有利于争取更多更好的教育资源，为我所用；有利于营造良好的环境氛围，为我所享；有利于促进高校学生管理队伍素质的提高，为我所为。

## 四、高校学生管理工作应秉持柔性管理理念

### （一）柔性管理概念

在开展柔性管理工作时，应该对其本质进行挖掘，并且要对学生的主体地位进行确定，通过这种方式来促进学生实现自身价值，这也是促进高校今后发展的关键。高校柔性管理模式主要优势体现在基于以人为本的管理观念，在这一观念的指导之下，管理工作在实际开展时往往与现阶段高校学生的自身实际需求情况更加符合，使高校学生的个人意愿受到充分尊重。

柔性管理模式更加重视对学生的心理以及行为进行潜移默化的影响，可以使学生自身的主观能动性得到有效激发，进而提升学生的校园文化认同感，使学生的主观能动性得到充分发挥。当学生在日常管理工作中得到精神上的鼓舞时，势必也会促进其为学校创造更大的价值，有助于高校今后的健康稳定发展。

### （二）柔性管理基本特点

1. 内在驱动性

内在驱动性较强是柔性管理的主要特点，与以往单一刻板式的管理模式相比较，其并不需要通过教师发布硬性规定来促使学生完成相应的工作任务，这也使高校学生管理工作的开展与学生自身实际主观的选择有更高的贴合性，更加有利于激发学生的工作主动性。而传统的刚性管理模式往往没有考虑学生现阶段的实际需求以及心理感受，这种管理模式不能受到学生主观上的认可，长此以往会对学生的工作积极性造成严重影响。柔性管理模式在高校应用之后，学生可以实现对自身工作状态的有效调节，从而更加积极地参与到各种活动中去，使高校学生管理工作能够更加顺利地开展。

2. 持久性

虽然不同人格决定了每一个人在思想观念上存在较大差异，但让学生转变自身的思想观念以及精神文化也并非不可实现，这需要学校对学生进行长期性引导。这种长期性引导的管理工作应该具有持久性，从而实现管理理念的不断渗透，更加有利于其适应并且认可现阶段的学校管理模式以及学校精神文化。高校要获得长期性的经济效益以及发展空间，应该对管理模式的持久性予以保持。而对于柔性管理来说，其持久性的特点较为明显，可以促进学校与学生的深度交流，从而了解学生现阶段的实际需求，柔性管理可以使学生长期性地融入高校的各项工作中，从而实现学校与学生之间正向、积极的沟通。

3. 扁平化

传统的刚性管理模式更多侧重垂直管理，高校管理信息从发布到传递需要相当长的一段时间，致使高校的信息传播速度很慢，这势必会在一定程度上影响高校内部管理工作的效率以及质量。而当柔性管理模式在高校学生管理工作中应用之后，传统垂直化的管理模式转变为扁平化管理，舍弃了其中一些繁杂程度较高、重要程度较低的信息，当这些信息被过滤掉之后，高校学生管理工作的开展也变得更加顺利，可以及时处理在生产经营过程中的多种突发问题，同时也使高校可以长期保持良性竞争的状态。

4. 柔软化

柔性管理模式本质是以人为中心，将其应用到高校学生管理工作中之后，管理工作的开展增加了柔性要素，有助于从思想上提升学生的工作主动性。目前来看，柔性管理模式对我国高校学生管理工作起到了很大的促进作用，在柔性管理模式的影响之下，各部门可以积极配合开展工作，提升高校内部部门之间的凝聚力。同时，柔性管理提倡管理者在开展管理工作的时候积极考虑教师和学生的意见，使高校基层员工的主体地位得到凸显、主人翁意识得到增强，使高校整体向心力得到提升，为高校的长远发展奠定了坚实的基础。

5. 感应性

高校对于学生采用柔性教育管理是为了让学生尽快适应学校的学习环境，它以民主的形式去进行组织和实施，淡化了教育权力对于学生的教学作用和影响，没有了阶级化的教育思想，积极地与社会中的人们进行了互动交流和沟通，注重了教育和师生之间的平等。在与人们进行真正而又深入的交流与互动中，与大家在内部的思想上达到了共鸣。同时对于学院和校园各个部门之间的小团队和组织，柔性的管理机制可以促使各个团队和组织的全体成员之间形成共同的价值观，协调和培养团队各个部门全体成员的意识和情感。

### （三）高校学生管理工作应用柔性管理理念的意义

1. 能够促使以人为本理念贯穿于教学中

对高校学生进行管理的主要目的是提高学生的品格和素质，促进学生的全面发展，这也是以人为本教学的重要体现。柔性管理与刚性管理的管理理念完全相反，柔性管理更加尊重以学生为本的理念，更加注重对学生综合能力的提升，并且注重帮助学生形成正确的行为意识。由此可见，柔性管理远比刚性管理更加深入人心。

2. 有利于构建和谐的教育环境

柔性管理理念主要是从被管理者的角度进行思考，推崇以人为本的理念，有效弥补了刚性管理存在的不足，同时也使刚性管理中出现的问题得到有效的解决，从而保障学校教育能够拥有一个和谐的教育环境。柔性管理理念的运用，不仅能够凸显学生在课堂教学中的主体地位，而且还能够有效调动学生学习的积极性和学习热情，最终能够形成一个较为宽松和谐的教育环境。

3. 有助于提高教师的工作能力

柔性管理措施与刚性管理措施存在本质的区别，对教师的工作能力也提出了更高的要求，所以教师要充分的掌握学生的学习动态。教师想要更好地了解学生，就需要不断提高自身的专业素养，无论是沟通能力还是思维能力都要进行有效的提升，这样才能够保障教师的教学工作得到有效的落实。教师在教学过程中给予学生关怀，能够体现出柔性管理的理念，将柔性管理理念与教育进行有效的结合，能够更好地培养大学生，促进学生全面的发展。

4. 有助于培养高校学生的团队精神

在班级中实施柔性管理，能够充分体现师生的平等关系，能更加注重师生之间的沟通和学生与学生之间的合作沟通。这样的管理理念能够潜移默化地向学生灌输团队合作的意识，而且在以后的学习过程中，形成的团队意识也会逐渐转化为一定的行为，从而能够实现对学生团队精神的培养。

5. 有助于大学生树立坚定的理想信念

开展高校学生管理工作时，教育者应在实际工作中投入自己的真情实感，这样才能够帮助学生形成良好的品德，塑造健全的价值观，做好此项工作，充分地将科学合理的教育理念进行深入贯彻是柔性管理理论的升级和创新。在高校学生管理工作中进行柔性管理，相关管理者应充分发挥情感因素的积极作用，适当地对大学生进行表扬和鼓励，对大学生的日常生活和学习做到高度重视，以促进大学生不断提升自我塑造的能力。管理者还应在积极培育和践行社会主义核心价值观的基础上引导大学生形成良好的价值观，帮助大学生树立坚定的理想信念。同时，高校管理在高校、教师和学生三者之间建立互相理解、彼此尊重的教学和学习平台，要善于发现大学生在日常生活和学习中遇到的各种问题，将有困难的学生作为优先帮助和关注的对象，运用自身的心理学知识进行正面引导，使其得到更好的人性化教育。

在高校学生管理工作中，相关教育管理者应注意使用正确的话语，严禁“你必须要怎样”“你不准怎样”等相似话语出现，坚持用心沟通，用爱交流。全面引领学生成长成才，沟通是联系教育者与大学生的桥梁，有效地沟通可以消除彼此间的隔阂，拉近心理距离，实现信息的交流与共享，最终在高校学生管理工作中融入情感教育。除此之外，由于大学生不具备丰富的社会经历，并且思想方面正处于一个定型期，思想波动较大，所以有些大学生在生活和学习中偶尔会出现行为异常、思想认识发生偏差的现象，面对此类问题，高校管理者应第一时间组织大学生开展专题讨论或通过开展主题班会对大学生进行正面引导，使学生在轻松、愉快的学习氛围中牢固树立正确的是非观，同时也有助于学生形成良好的学习生活习惯。在高校学生管理工作中，对于犯错次数较多的学生，教育管理人员应与多其沟通和交流，及时发现此类学生的情绪变化，用情感教育感化学生；当学生有进步的时候，管理人员应对学生进行适当表扬，从思想上改变学生的消极心理，进而激发学生学习的动力和自身潜能，树立坚定的理想信念。

### （四）柔性管理理念在高校学生管理工作中的应用策略

#### 1. 积极树立以学生为主体的管理理念

将柔性管理理念运用到高校学生管理工作中，首先就需要将学生放在管理工作的核心位置，通过一系列的改进措施培养学生的积极性和能动性，并促使学生主动参与院校的管理工作，这样也能够在实践中对柔性管理工作方式进行有效的完善。其次，高校学生管理工作人员需要根据学生的思想动态，开展能够拉近与学生距离的活动，这样能够使学生更加配合院校的管理工作。

#### 2. 完善柔性管理评价体系

评价是高校管理工作的重要环节之一，通过评价能够直观反映出学生管理工作完成的效果，同时能够体现出学生的思维变化情况。随着高校学生的发展方向越来越多元化，而且社会发展对人才需求也提出了更高的要求，所以管理评价体系也需要相应地提升，使其更具动态性和开放性。现代企业实施柔性管理时，员工需要遵循“三确认”的原则，包括确认负责工作完成的质量、确认完成工作的进度以及确认自身的工作能力是否得到了提高。正因如此，高校在应用柔性管理工作模式时，需要积极完善柔性管理的评价体系，要更加关注学生综合能力和素质的有效培养，进而根据学生的实际情况制定并完善新型管理评价体系。

3. 实现柔性管理与刚性管理的结合

大学生都拥有各自的性格特点，且学习能力、生活背景都存在差异性，所以在对大学生进行管理时，不能采取统一的管理方式。柔性管理与刚性管理是属于完全相反的管理理念，柔性管理相比刚性管理更加符合人类发展规律，但也并不意味着刚性管理就是一无是处，高校学生管理，无论是刚性管理还是柔性管理都不可能单独存在，实现二者的结合才是最为恰当的方式。实现柔性管理与刚性管理的结合，不但能够维持学校的稳定，而且不会禁锢学生的思想，最终能够使管理工作收到应有的成效。

4. 注重合作意识的应用

将柔性管理理念应用到高校学生管理工作中，能够更好地对学生的价值给予肯定，并且能够最大限度地展示学校和教师对学生的关怀。在高校学生管理工作中渗透柔性管理理念，教师要根据学生的需求及时转变学生管理工作态度，并且要注重管理理念的创新，用足够的工作热情为学生营造出良好的学习环境，从而使学生能够感受到教师的关怀。在高校学生管理中，教师要树立合作理念，注重合作意识的应用，积极营造出和谐的管理工作氛围，这样管理者之间能够协同配合，从而使学生管理工作的效率得到有效的提高。

5. 积极构建多元的校园文化

高校学生管理工作想要实现管理效果的提升，需要依靠校园文化制度发挥保障作用。传统学生管理工作一直都是以刚性管理制度作为核心，柔性管理理念的融入不能够全盘否定刚性管理理念，而是需要与刚性管理相互配合，这样才能更好地落实学生管理工作。但是需要注意的是，刚性管理仅仅是学生管理工作的环节之一，还要落实柔性管理工作，管理学生的方式要由传统控制和惩罚学生转变为关心和保护学生，这样有助于建立起浓厚的校园文化。通过校园文化的带动，实现学生向心力和凝聚力的提升，有效激发学生的认同感，从而使柔性管理理念的使用获得更好的文化支撑。

6. 结合柔性管理理念设置激励机制

高校在进行学生管理工作的过程中，采取的激励机制较为单一，而且大多针对表现优秀的学生，这样的激励机制很难发挥优势，也会导致学生间的差距越来越大。将柔性管理理念融入高校学生管理工作中，激励机制面对的就是全体学生，而并非个别表现优秀的学生。要公平地为全体学生提供相应的奖励，更重要的是要给予学生精神支持，将柔性管理理念更好地融入激励机制中，这样能够使学生获得管理工作的支持，能够有效激发学生的活力，并且能够更好地实现高校培养人才的目标。

7. 提高学生管理工作人员的人文素养

将柔性管理理念运用到高校学生管理工作中，这对管理人员的专业素养和工作能力都提出了巨大的挑战。为了能够更好地完成学生管理工作，管理人员需要不断提高自身的人文素养，并且要深入学习和掌握具有人文关怀的学生管理方式，从而转变自身传统的管理理念。

高校管理者要善于发现学生自身的优势，结合学生实际情况制定有针对性的管理计划，这样能够使学生管理工作更具科学性。除此以外，学校应该加大管理队伍的建设，组建高素质的专业管理团队，从而保障柔性管理方式能够顺利地推进。

8. 言传身教为学生树立榜样

以往开展高校学生管理工作时，管理工作人员通常采用注入式的教育方式，用政治理论和思想道德观对大学生展开教育工作，以希望实现改善大学生思想的目的，使学生行为更加规范，这样的教育形式在具体实施教育工作时是绝对需要的，但是在教育基础阶段完成后，应引导学生将行动和理念进行统一。因此，管理者应言传身教为学生树立榜样，做出良好的示范。大学生不仅具有较强的思考能力，而且还拥有透过现象看本质的科学思辨能力，同时，大学生所处的年龄段比较特殊，大多数学生都强烈反对言行不一的做法，因此，对大学生的教育作用最大的就是管理者的言传身教。教育管理相关工作人员应不断提高自身形象，在大学生中树立威信，加强思想政治觉悟，以培养出高素质人才。

在高校学生管理工作中融入柔性管理文化并不意味着取缔或是否定“以规章制度为中心”的刚性管理。在整个高校学生管理工作中，柔性管理和刚性管理是并行的，并且相互影响、相互渗透。高校教育工作者应在开展刚性管理工作的基础上实施柔性管理，通过合理运用柔性管理不断提升刚性管理相关工作，进而使柔性管理和刚性管理在高校学生管理工作中能够形成一套适合大学生全面发展的教育方法。

9. 利用管理机制构建平等的交流平台

处于大学阶段的学生具有较强的平等意识，这个年龄段的学生行事易专断，并且容易对管理者有抵触心理。因此，在开展高校学生管理工作的过程中，管理者应积极应用柔性管理理念，构建让学生共同参与的管理体制，深入贯彻柔性管理文化，在管理工作中积极体现大学生的主体作用。

在开展高校学生管理工作中，管理人员应积极杜绝等级差别的现象，为大学生构建能够平等交流和沟通的平台，互相尊重的氛围更有助于管理者顺利开展高校学生管理工作。管理人员需要与学生进行平等交流，并且在第一时间发现大学生的问题，并使大学生欣然接受管理人员的帮助，增强其学习动力。

在开展柔性管理时，让大学生参与到管理工作中，组织大学生成立不同的社团和学生会，开展主题班会等，确保学生在管理工作中的民主管理权利，并在参与管理过程中发表自身的意见。学生参与管理工作能够培养学生的责任心和主人翁意识，增强凝聚力，提高集体荣誉感。同时，还能够推动学生对集体意识的深入了解，为大学生以后进一步走向社会打下良好基础。值得注意的是，在高校学生管理工作中应用柔性管理文化，并不是要放弃原则，而是需要施行人性化的教育，让大学生在平等交流的平台提高自我管理能力，这体现出对学生深入了解的管理工作的严谨性。

综上所述，随着教育事业的发展，众多高校以往所使用的刚性管理理念已经不符合学生的实际情况，需要对旧的管理理念和管理方式进行有效的创新。柔性管理理念的出现，正好能够满足高校学生管理工作的需求，柔性管理理念的融入不仅能够弥补刚性管理的不足，而且还能够保障学生管理工作顺利地进行，所以管理人员要更加注重柔性管理工作的落实，为学生提供良好的教育和管理服务，促进学生的健康发展。

10. 实施民主化的教学管理

高校的教学管理不仅仅是教师一个人的工作，同时也需要学生积极参与和配合，因此在高校教学管理中要发扬民主化的工作作风，让教师和学生生活在和谐稳定的环境中。

首先，学校实施的管理制度要以公正、公平为基本准则，让学生感受到自身的存在感，教师要将学生作为自己的朋友，在学习上以引导学生为主，在生活上与学生相互帮助，不断提升师生间的凝聚力。

其次，教师和学生都要积极参与学校的教育管理工作，不能因为个人的原因而自动放弃管理工作，在管理的过程中，师生之间也要相互配合和监督，对于教师出现的问题学生应及时提出，而对于学生出现的问题，教师也应该与学生进行交流和沟通减少双方之间的矛盾，让管理工作顺利开展。

最后，学校要制定相应的教育管理条例和规章制度，并让师生了解高校的教育管理制度，保证师生在学校管理工作中享有知情权，并不断激励师生为学校的教育管理奉献出自己的一份力量。将教师作为实施管理的对象和主体，从每一个学生的核心价值观和思维以及他们的心理要求角度入手，让每一个学生都能够主动地去接受和服从管理。同时，以服务作为实现管理的一条主线，让教师和学生真正明确自己的人格和成才目标，并且通过这种柔性化的管理形式能够在教师和学生之间构造一个积极、互动性强的教学环境。

11. 利用扁平化管理模式

扁平化管理是指减少高校管理层级，提高效率的管理方式。传统的高校管理模式一般呈现多层次、效率相对较低的金字塔结构，信息执行力与信息传递效率之间的差距是我国高校管理模式僵化所导致的问题。而西方发达国家采用了管理模型下的扁平化组织架构来替换其原有的金字塔型组织架构，扁平化的学校组织架构能够解决师生经营与学生成长之间的矛盾，它也是一种能够充分地适应各类学生的教育信息管理手段和方式，能够有效地提高各类教师信息传递和处理的效率，从而真正实现教师对学生的独立管理。基于扁平化架构的柔性教务管理模型已经广泛应用到了大学生的教务管理中，帮助促进大学生成长。

12. 建设美好校园文化

建设美好校园文化对柔性管理有着潜在的价值和意义，通过校园文化不断创新学生的思维，激发学生的好奇心和求知欲，以及提高学生的文化素养和管理经验，使高校师生都能团结在高校的周围。因此，高校在日常的管理中，应明确独特的校园文化内容，创建和谐的人文主义思想并将校园文化通过高校的网络平台进行有效传播。通过校园文化的建设，能够让学生对校园文化的价值观念和思想内容有不同程度的理解和认识，在头脑中形成自己的观念并将这种认识运用到高校的管理中，让高校师生都能在和谐的校园文化中发展。

# 第五章　高校学生管理工作的模式

本章分为高校学生管理工作模式构建的原则、国外高校学生管理工作模式及启示、高校学生管理工作模式创新的路径三部分。主要内容包括：高校学生管理工作模式构建的理论基础、高校学生管理工作模式构建的基本原则、国外高校学生管理模式、国外高校学生管理工作模式的启示等方面。

## 第一节　高校学生管理工作模式构建的理论基础与原则

### 一、高校学生管理工作模式构建的理论基础

#### （一）人性假设理论

任何一种管理模式必然对应一种人性假设，研究学生管理工作模式同样离不开对人性的认识，这是因为任何学生管理模式的构建都是以对人的本质的分析及人性假设为基础的。

1.“经济人”假设理论

“经济人”的假设最早由享乐主义的哲学观点引出，该假设认为人的行为出发点就是为了满足自身最大的利益追求，工作的目的就是得到经济利益或者报酬来满足其物质方面的追求。所以，这种假设下对人性偏好的认定是懒惰的和对工作逃避的，是缺乏理性和不负责任的。

“经济人”假设下的管理模式表现为独裁模式，管理的重点在于目标任务，管理模式依赖权利，通过权利和控制实现管理目标。管理客体只能执行管理主体制定的严格规范和所有命令，其愿望与情感不被管理主体考虑，管理模式中的物质刺激和严厉惩罚是引导管理客体的基本方式。

“经济人”假设下的学生本质是不能自律、具有较强的惰性的，需要制定管理制度和规程加强对学生行为的控制与管理，以保证学生学业的顺利完成和

学校人才培养目标的实现。同时，可以用奖学金、各种评奖评优等手段调动学生的积极性，用严厉的行政惩罚手段去惩处懒惰违规者，把奖惩建立在胡萝卜加大棒的基础上。

2.“社会人”假设理论

“社会人”假设是基于人的社会属性考量的，该假设认为人不能只从自身的物质利益出发而不考虑其他方面的内容，因此还需要考虑工作中的社会需要，社会需要的满足对人的行为具有更大的激励作用。“社会人”的人性假设理论较之“经济人”的假设对人性的认知程度向前迈进了一步，它不仅看到了人具有满足自身低级的自然属性的需要，而且还意识到人渴望被尊重、获得安全感和归属感等高级的社会属性的需要。“社会人”假设下的管理模式表现为监护模式，管理的重点在于人本身，通过管理主体关心、满足管理客体需求，营造具有安全感、归属感和依赖感的组织环境，实现管理目标。管理主体是组织各个环节上的信息沟通者，充分考虑管理客体的目标与需求，尽可能使管理客体目标与组织目标相一致是管理主体的职责。“社会人”假设下的学生更注重满足自身和社会的需要，学生管理者不能仅看重学生完成任务的情况，更应该在管理的过程中关心、爱护和尊重学生，建立良好的人际关系和感情，在管理模式中选择参与管理模式。为了实现管理目标，学生管理者还要发挥学生中非正式组织的作用，尽可能融入学生组织之中，在良好的人际关系和组织环境下，潜移默化地提升学生对学校学生管理的认同感，激发学生的集体荣誉感，增强组织的凝聚力。

3.“复杂人”假设理论

“复杂人”理论认为人的需求是复杂多变的，人的愿望也是多种多样的，这些需求和愿望是随着人的精力、阅历的变化、社会角色的转变和所处内部外部环境变化而不断改变的。因此，该理论认为人性并非上述两种人性假设那样简单，人在复杂的、多变的环境中会呈现出不同的状态，表现出不同的人性面，人性中既有追求物质利益最大化的一面，也有承担责任、实现自身价值最大化的一面，是一个权变的过程，因此，世界上不存在一成不变、普遍适用的管理模式。

“复杂人”假设下的管理模式灵活多样，学生管理者要具备“权变管理”的能力，要因材施教根据学生的不同特点，采用灵活多变的学生管理模式。一方面，要在学生生活的不同阶段采用不同的学生管理模式。如大学一年级的学生刚刚步入校园，自制能力较差，管理中注重行为约束与养成教育，通常采用指令式管理模式；大学四年级的学生即将步入社会，世界观、人生观、价值观基本形成，通常采用服务式管理模式。另一方面，在深入了解学生的基础上，根据学生的具体个性情况与特点，及时调整管理模式，做到管理模式因人、因时、因势而变。

4.“自我实现人”假设理论

美国著名社会心理学家马斯洛把人的需求分为五个层次，分别是生理需求、安全需求、社交需求、尊重需求和自我实现需求，其中最低层次的需求是生理需求，最高层级的需求是自我实现需求。马斯洛认为最大限度激发和利用自身的才能是每个人均具备的能力，人们通常希望在实际工作中寻求工作任务完成的自我满足感。人性假设的“自我实现人”理论就是依据马斯洛的人的需求层次理论研究而最终提出的。

因此，该理论认为人并非生来就有惰性，工作的偏好是人的本能，而且愿意并主动承担责任。“自我实现人”假设下的管理模式变为支持模式，它不依赖于权利和物质利益，而是通过管理主体创造出的良好的环境和合理的制度，提供给管理客体成长的氛围，为其提升工作绩效提供支持从而实现管理目标。用内在利益调动管理客体的积极性，帮助管理客体实现自我目标等，是引导管理客体的基本方式。管理主体不单是管理目标的指导者和人际关系的协调者，还应该是管理客体发展阻碍的疏导者。这种管理模式下管理客体的驱动力被唤起，会形成更大的管理绩效。[①]“自我实现人”假设下的学生特点是独立有主见的，渴望实现自我的价值，学生管理者要充分尊重学生的主体地位，为学生提供利于发挥自我特长和实现自身价值的环境，利用激励因素调动学生的积极性，管理模式主要采用任务管理式。在学生管理中，管理者要尽可能将学生管理目标与学生个人发展目标有机结合，在管理目标实现的过程中培养其社会责任感和创新精神，使学生能够成长成才。

## （二）学生发展理论

学生发展理论以心理学研究的最新成果和人的发展等相关理论作为支撑，最早在20世纪60年代的美国兴起，是人的发展理论在高等教育领域中的具体应用。该理论涵盖个体与环境、认知和价值观、社会心理等方面，分别从心理学、社会学等视角阐述并解释学生在大学期间的成长与发展规律。

1. 认知结构理论

认知结构理论关注学生的发展方式和发展过程，帮助学生管理者树立学生

① 冯培．中国高校学生事务管理模式创新 [M]. 北京：中国人民大学出版社，2009.

认知发展观。认知结构理论最具代表性的人物是心理学家帕瑞，他将学生发展划分为四个阶段：二元认知阶段、多样认知阶段、相对认知阶段和信守阶段。该理论为学生事务管理者解释学生发展变化的实际状况提供了参考依据。

比如，处于二元认知阶段的学生认为学生管理者会帮助其解决所有问题，对学生管理者要绝对服从；处于相对认知阶段的学生认为学生管理者的管理有些是对的有些是错的，但是没有办法判断到底哪些真是对的哪些真是错的。该理论认为学生的发展是从非黑即白的认知阶段发展到具备区分多种不同观点并且能对这些观点进行鉴别和评估的复杂认知阶段。

2. 心理社会理论

心理社会理论以埃里克森的生命周期论为基础，认为人的发展受到社会文化的制约与影响，面临着一系列需要解决并且带有特点结果的成长问题。①

3. 类型学理论

霍兰德的职业兴趣六类型理论、迈尔斯·布瑞格斯的十六类型性格理论以及考伯的学习风格理论都对类型学的理论研究做出了突出贡献。该理论与认知结构理论相比，更强调个人先天的差异在个人情感发展过程中的体现，该理论为学生管理者针对学生的不同个性特征与认知方式，给予有针对性的服务与管理提供了理论基础。

## （三）领导生命周期理论

领导生命周期理论最早由美国管理学家科曼提出，后经保罗·赫西和肯尼斯·布兰查德继续发展。该理论认为：管理主体的成功与否取决于工作行为、工作关系和管理客体的成熟度。根据上述三个要素将领导方式划分为四种，应用到学生管理领域中对应为四种学生管理模式。

1. 命令型领导方式

管理主体的命令型领导方式，即高工作低关系，管理客体不成熟。这种领导方式下，管理主体指导管理客体，告诉其该做什么、如何去做等，采用单项沟通方式。命令型学生管理模式，要求学生管理者给予学生事无巨细的学业和生活指导，对学生该做什么事、怎么去做等有详细的说明，不关注学生的建议和诉求。这种学生管理模式下，学生管理者要投入大量的时间和精力，常常陷入学生的具体事务之中，管理效能往往不高，学生普遍感觉不太适应。该模式仅仅适用于大学新生入学后的第一个学期。

① 高耀明．大学生学习问题研究 [M]. 上海：学林出版社，2013.

2. 说服型领导方式

管理主体的说服型领导方式，即高工作高关系，管理客体初步成熟。这种领导方式下，管理主体既指导管理客体又提供支持性建议，采用双向沟通方式。说服型学生管理模式要求学生管理者给予学生适当的学业和生活指导，定期与学生进行沟通交流，在管理中注重引导学生，在一定程度上调动学生参与学生管理的积极性和主动性，及时关注学生对学生管理的建议和个性化发展的需求。采用说服型学生管理模式的学生管理者，在时间和精力的投入程度上较命令型会有所减少，适用于大学的第二至第三学期。

3. 参与型领导方式

管理主体的参与型领导方式，即低工作高关系，管理客体比较成熟。这种领导方式下，管理主体与管理客体共同决策，管理主体主要发挥沟通的作用。参与型学生管理模式，要求学生管理者要与学生成为朋友，就管理过程中遇到的问题共同研究、共同探讨，积极关注和采纳学生的建议与诉求并及时交流反馈。这种学生管理模式，学生管理者更多运用激励的手段，投入较少的时间和精力，适用于大学的第四至第七学期。

4. 授权型领导方式

管理主体的授权型领导方式，即低工作低关系，管理客体成熟。这种领导方式下，管理主体不干预管理客体，授权鼓励管理客体完成任务。授权型学生管理模式，要求学生管理者给予学生充分的信任，充分放权让学生独立开展管理工作，充分发挥学生的自我教育、自我管理、自我服务的作用。这种学生管理模式，学生管理者主要起到督促监督的作用，在四种管理模式中投入的时间和精力最少，学生享有充分管理自主权和足够的空间施展才华，适用于大学的第八学期。

## 二、高校学生管理工作模式构建的基本原则

### （一）主体性原则

在高校学生管理的传统模式下，学生管理者通常将自己摆在比较高的位置上，他们认为学生辨别能力和认知能力较差，只能被动地接受教育和管理，学生没有主动权和发言权。因此，在高校学生管理工作中管理者常常忽视被管理者（学生）的积极性，使学生处于被动的、被控制的处境中，学生合理的需要有时得不到满足。21 世纪高等教育的一个显著特点是以人为本，充分调动人的积极性和主动性，最大限度挖掘人的潜能，培养人的创新实践能力，只有这样

才能培养出适应现阶段社会需求的高素质创新人才。高校是否将学生作为管理的主体，在教育管理中充分体现学生的主动性，是学生管理模式中的一个核心原则。

现代教育学研究表明，00 后大学生由于受成长环境等因素的影响，表现出比以往任何时期更加强烈的自我意识和自主意识，他们渴望参与到学生管理中成为学生管理模式的主体。高校学生管理者作为外部教育条件必须要经过学生主动的接受认同、消化吸收才能真正发挥其应有的作用，学生则会根据自身的性格特质、成长特点和发展需求对高校学生管理理念和管理模式进行自主选择。

因此，高校应积极探索学生自我教育、自我管理、自我服务的激励机制，采取适当的方法引导和鼓励学生主动地参与到学生管理活动中来，把过去被动的、外在的管理客体转化成现在主动的、内在的管理主体，从包办代替到自主选择，充分调动学生的主动性和创造性。

管理的实质在于充分调动人的积极性，同理高校学生管理新型模式的构建的成功与否，就是要看该管理模式是否能充分调动管理客体（学生）参与学生管理的积极性，能否有效发挥学生自我教育、自我管理、自我服务的作用。学生管理者和学生之间的关系不是相互对立的，而是相互兼容协调统一的整体，发挥学生的积极性不是纵容学生，不能不顾主观和客观条件让学生完全自由发展。学生管理者在管理模式实施的过程中鼓励学生发挥积极性和主观能动性的同时，还要积极引导学生在进行职业生涯规划和人生发展选择时将国家的发展、社会的需要与学生个人的成长紧密结合起来，只有这样作为管理客体才会觉得管理主体是为学生的发展着想，教育管理目标与学生人生目标才能有较高的契合度，使学生自觉地消除管理过程中的顾虑与消极对抗情绪，自愿接受学生管理者的教育管理和服务，积极主动地参与学生管理工作。

### （二）引导性原则

构建高校学生管理工作模式要遵循引导性原则，因为学生的自我教育、自我管理和自我服务并不是任由学生随意地进行的，需要学生管理者正确科学的引导。大学生的世界观、人生观和价值观尚未成型，求知欲望强烈，在这种情况下学生的选择通常带有盲目性，常常被一时的好恶左右，选择的科学性有待商榷。学生管理者要给予学生科学合理的引导，使学生的自主性得到有效发挥，符合其实现自身发展的需要，这同时是学生能够做到自我教育和自我管理的前提。笔者根据多年的学生管理实践经验总结认为，学生管理者可从下面两个方面对学生进行引导：一方面要注重学生个人生涯的引导，即通过大学生涯规划、职业生涯规划等内容，帮助学生认识自己合理规划人生；另一方面要引导学生学会学习、学会生活、学会面对、学会选择，传授给学生科学的学习方法，引导学生养成良好的生活习惯，教会学生面对荣誉和挫折等，激发学生主动学习的意识，培养学生自主学习的能力。

在当今的大学生群体中，很多学生因为缺乏主动学习的意识和自主学习的能力，学习适应能力较差，要么无所适从，要么随大流，荒废了大好青春时光。因此，学生管理者在教育管理过程中，要帮助学生正确分析环境的主客观条件，引导学生在自我认知的基础上，将国家社会发展需要与学生个人发展的需求相结合，在充分考虑上述条件的基础上，让学生形成科学的自我决策。

### （三）差异性原则

常言道“龙生九子，九子不同”，即使是双胞胎也会表现出不同的性格特征，这就是人具有差异性的表现。瑞典著名的教育家裴斯泰洛奇指出，人好比就是一粒种子，这里种子有可能是高耸入云的大树种子，有可能是野火烧不尽的小草种子，还有可能是四季常青的灌木种子，园丁的主要任务是通过浇水、施肥等工作，帮助它们朝着其各自方向发展。在差异性原则指导下，在构建学生管理模式的过程中必须要尊重学生的差异，树立科学的学生差异观，帮助学生实现全面科学可持续的发展。树立科学的学生差异观，必须把学生当做具有独立辨别能力、思考能力、人格意识的成年人来看待，承认学生之间因成长环境、性格特质而造成的差异性，尊重每个学生与众不同的思维方式、情感诉求、行为举止和表达方式。承认在教育层面上，每个学生具有独特的智慧倾向，在遇到实际问题时，都有自己独特的思考问题角度与解决问题的方法。

古希腊伟大的哲学家柏拉图的人生最高理想就是让世界上不同天赋禀性的人都能找到适合自身的工作。他在其经典著作《理想国》一书中指出世界上根本没有完全一样的两个人，每个人都会因个人的自然特点而区别于另一个人，因此同样的一份工作，一个人适合去做另一个人则未必适合，但会有另外一种工作适合他去做。我国古代的儒家思想的代表性人物孔子提出的“性相近，习相远”的思想与上述思想可谓如出一辙。在高校学生管理模式中，学生管理者帮助学生树立成长发展目标时要以学生不同的性格特点和天赋禀性作为主要依据，对性格不同、能力不同、悟性不同的学生要采用截然不同的教育管理手段和方法，才能取得事半功倍的效果。因此，学生管理者要学会尊重学生的差异性和独特性，尊重每个学生的不同特点，不用相同的标准衡量所有的学生。学生管理者要充分细致地了解每个学生的长处和不足，让他们都有获得成功的机会和条件，体验到个人成长发展后带来的成就感和目标达成后的喜悦。

确立差异观就是要尊重学生的个体差异，在高度关注学生各种个性化的本意、特长、潜能和发展目标上，在认真分析学生差异的基础上，用不同方式给予个性发展需求以针对性满足。当然学生管理者尊重学生的个体差异，不是说为了尊重差异而尊重差异，只发展学生已有的表现较为突出的才华和能力，如果这样做，学生极有可能在学生管理者的片面指导下，使长处越来越突出但不足之处还是不足。

因此，尊重学生的差异性还需要用科学发展观作为指导，既能尊重学生的差异又要科学引导学生实现全面发展。学生管理者在保证全体学生都能实现学校制定的人才培养目标的同时，既要根据学生的能力和性格发展其优势特长，又能弥补其劣势缺点，既能扬长又能避短，还要根据人的科学发展观的内在要求，使学生实现全方位的均衡发展。

### （四）专业化原则

高校学生管理工作中很多内容与社会工作的内容相类似，社会工作发展阶段中的初级的非专业化的社会工作正向高级的专业化的社会工作演变，专业化的社会工作通常是从人员的专业化开始的。所以构建学生管理工作模式要以专业化为原则，学生管理者的专业化能够有效推动学生管理工作的科学性和专业性进程。

当前我国高校学生管理模式中，学生管理的部门和机构职能较为庞杂，学生管理者往往由来自不同专业背景的人员组成，专家型的学生管理者为数不多，多数学生管理者对工作处于感性状态，凭借经验和热情开展工作。但不可否认，我国高校的学生管理者是宝贵的资源，如果他们在具有科学的工作理念、良好的服务意识、熟练的工作技巧和丰富的管理经验的同时，能为学生提供更加专业、优质的服务，这将实现学生管理者从事务型的低层次管理向高层次专家型的高层次管理的全面转变。要实现这一目标，要整体提升学生管理者的知识水平和业务能力，使其不仅是学生管理的行家里手，还是心理咨询师、职业规划师等具有扎实掌握专业社会工作知识的“复合型”专家人才，为实现学生管理模式的专业化奠定坚实的基础。

# 第二节　国外高校学生管理工作模式及启示

## 一、国外高校学生管理工作模式

国外高校学生事务或者说学生管理工作，以立法和组织的形式让学生通过多种方式参与学校管理。

### （一）美国高校学生管理工作模式

美国高校的学生管理工作，更加强调人文理念及学生参与。在美国的多数高校中，非教师职务的管理人员，通常会超过教职工总人数的 50%，其中多数管理人员，承担着专业顾问的工作职能，其工作理念是以“学生个性发展为中心”。在具体的工作中，专业顾问会为学生开展心理辅导、助学辅导以及针对留学生群体的生活辅导。同时，美国高校极为关注学生群体的自我管理，并会在学生宿舍内设置学生管理员，通常情况下，大学生宿舍部门中的教职员工与学生管理员之比为 1 ∶ 4。

### （二）德国高校学生管理工作模式

“大学生事务局”是德国大学生管理工作的主体部门。“大学生事务局”是公营性质的社会部门，其管理机构分为两级，分别由联邦政府与州政府管理，在具体工作中“大学生事务局”会实施企业化管理，并为学生提供食宿、就业、生活服务等层面的管理工作。大学生事务局与德国高校不存在隶属关系，二者的工作界限泾渭分明，在这一体制内，高校负责学术事务，而学生的生活管理全部交由“大学生事务局”负责，这一管理模式的主要优势在于，工作责任明确细分，高校可专注于学术研究。

### （三）英国高校学生管理工作模式

导师制是英国高校学生管理工作的主要模式，该模式起源于牛津、剑桥等高校。英国的教育理念认为，大学生群体具备较强的求知意愿与自我管理能力，因此高校应给予大学生充足的自由空间，从而使其主动将自我意识融入社会体系。在这一教育理念的引导下，英国高校将学生管理工作局限在学术指导与人格构建的层面，导师制的应用，扩展了专业教师的教学范围。通常情况下，英国高校的导师，会结合言传身教塑造学生人格，并在此基础上传播专业知识，通过这一模式，导师与学生的联系将更加紧密。

### （四）其他

立法是学生取得合法性权力的最主要方式，许多国家在高等教育法规中对学生权力做出了规定。如法国，1968 年 10 月 10 日颁布的《高等教育方向法》规定，大学各级机构包括学生都要有法律作保障，学生可以通过发表言论、参加学校组织、游行示威等方式行使自己的权力，当自己的正当权益受到侵害时还可诉诸法律。①

西方发达国家大学生大多成立各类学生组织以维护自己的权益，行使自己的管理权力，这些学生组织种类繁多，其作用和影响多种多样，我们这里讨论的是由学生为主体组成的授权参与学校管理或代表学生能对学校管理发生影响的学生组织。最早的学生组织要算中世纪大学的"同乡会"，这种同乡会（学生行会）就是中世纪"学生大学"的管理者。各国一般都有全国性的学生组织——学生联合会。英国的全国学生联合会成立于 1922 年，在向高等院校争取学生权益的活动中表现非常活跃，此外，学生联合会担负了很大部分的学生事务工作，除此之外，学生采取激进的行动来表达不满，对学校管理层施加影响，进而改变学校政策。

## 二、国外高校学生管理工作模式的启示

近年来，随着对欧美高校学生管理工作研究的不断深入，国内高校学生事务会议上关于学生发展理论与实践的探讨越来越多，国外高校学生管理工作的模式对我国学生管理工作的启示应该有以下几点：

### （一）加强学生管理信息化建设

在讲求速度和效率的社会，信息技术的运用无处不在。在学校里，无论是学生的选课，成绩的查询，还是就业信息的发布，都离不开网络。因此，我们要更加完善学校信息化的建设，降低管理的成本，提高工作的实效。

### （二）细分管理职能，提高服务意识

学校一些部门职能划分不清，又大多只注重管理的职能，忽视服务的职能，在工作中"打太极"，推来推去，学生做事情有些困难，只有详尽规定各个部门的职责，各部门才能各司其职，更好为学生服务。

我国高等教育进入大众化发展时期，开始重视学生综合素质的培养，学生管理工作稳步开展。但是对比之下，我国高校学生管理工作还需在观念、内涵、工作体制以及专业化方面多做努力，以此促进学生的发展。

① 尹冬梅，丁力．中国当代高校学生组织研究 [M]．北京：时事出版社，2008.

### （三）多元化学生管理模式的借鉴

世界上各个国家都会因为文化环境、文化背景以及文化精神上的差别，在高校学生的管理上呈现出多种多样的管理模式，就算是在学生管理方面有着悠久历史的英国、法国、美国、德国等国家，其国内的高校学生管理工作也是多元化的。这些管理模式不论是从学生管理方式的社会化来讲，还是从学校内学生工作的管理方式来说，都有着一个共同点，就是分别按照自身的特征功能来开展。国内高校对于学生管理工作模式还在慢慢摸索阶段，不可以盲目照搬一些其他学校的管理方式，因为学校之间的校园文化以及办学特点都是不相同的，教学方式与理念也不一致，如果照搬必然会导致一些问题。所以要制定一个符合自身的学生管理工作方式，依据自己的办学特色与校情，再借鉴国外有关学生管理工作方面成功的经验，多者结合，摸索出一个恰当的学生管理工作新方式，从而推动学校的整体发展。

### （四）构建完善的学生事务管理理论体系

在英国、法国、美国、德国等国家高校学生管理工作的发展过程中，科学的管理理论引导充分发挥了重要的作用。国外的高校非常注重学生发展，他们学生事务管理工作的关键点就是促进学生的发展，并且一直不间断的促进学生事务管理研究的理论化，在这个过程中，管理团队的专业知识与管理能力也逐步提升，进而形成一个工作效率高、稳定运行的科学化学生工作管理机制。

因此，我国高校可以借鉴国外成功的学生事务管理理论经验，同时结合国内多校区高校的真实状况、校园办学特色、学生事务管理方式等多方面，研究出适当的管理理论，形成一个与学校特质相适应的科学化学生事务管理理论机制，并且通过实践来找出不合适的问题以及需要改善的方面来进行充分的优化和提高。

### （五）以学生“自我教育、自我管理、自我服务”为主

国外的高校对学生开展自主组织的重视程度很高，并且支持学生们都能够积极踊跃地加入到学生事务管理工作中来，这在提高学生自我能力的同时还能够为学校出一份力，一举两得。所以学校通常都会建立由学生组成的学生会组织，有意愿加入的学生们经过一系列的考核、面试获得参与权力。

建立这种由学生自主管理的组织既可以为学校减轻在学生事务管理工作上的压力，还大大减少了学校在学生事务管理工作上烦琐小事的解决时间，学生在为学校出力的同时还可以提升自身的自我管理、自我教育、自我服务能力。

另外，困难生也能够通过参与学生会来增加一份收入，从而缓和经济困难带来的压力，这也是高校学生事务管理工作的关键要素。因此，根据国内高校的真实发展状态，制定出合理的自主型的学生自我管理模式，对改善国内目前多校区高校学生事务管理工作起到非常有利的作用。

## 第三节　高校学生管理工作模式创新的路径

### 一、现行学生管理模式的特点

我国高校现行的学生管理模式是党委领导下的党委行政共同管理体制，设学生管理工作委员会，由学校分管学生工作的校领导（不同学校略有不同，一般为副书记或副校长）和相关职能部处的主要负责人组成。学生管理工作委员会负责全校学生管理工作的顶层设计和决策部署，下设学生工作部（处）、校团委等学生管理工作部门负责政策的具体实施。在学校层面上设学生工作组和院团委，一套人马两块牌子合署办公，由学院党委副书记分管学生工作。学生工作组（院团委）由院团委书记、副书记和辅导员组成，负责学院的学生管理工作，在工作上既接受上级主管部门学生工作部（处）和校团委的领导，又接受学院党委和行政的领导。我国高校现行学生管理模式呈现出以下四个特点。

#### （一）条块结合两级运行

通过查阅教育部直属的 75 所高校机构设置后不难发现，大多数学校采用学生工作内容条块结合、校院两级管理的运行模式。具体来说，75 所直属高校普遍成立了校级学生工作领导机构，成员来自学生工作部（处）、武装部、校团委、教务处、思政教研室等，学生工作部（处）作为其办事机构。在学院的层面上设立学院学生工作领导机构，下设学生工作办公室，有的设立学院团委合署办公。学院学生工作领导机构接受校级学生工作领导机构的领导，工作上学院学生工作组（团委）接受校学生工作部（处）和校团委的指导。

#### （二）运行方式上党政合一

运行方式上党政合一是我国高校学生管理模式中中国特色的体现。通过对我国高校学生管理模式变迁的介绍可以发现，高校学生管理在一定时期内从属于政治工作或等同于德育工作。

另外，随着高校学生管理专业化进程的加快，思修与法律基础、毛泽东思想概论等思政类课程列入本科生教学计划等，标志着学生管理模式中大量行政事务活动不断增加。高校学生管理行政化趋向越来越明显，因此要逐渐加强高校学生管理的行政功能。在此背景之下，校级学生管理工作由校党委副书记和副校长共同负责，绝大多数的高校由党委副书记分管学生管理工作或在职务上兼任副校长，党委学工部和学生工作处实行合署办公。

### （三）教育行政导向明显

新中国成立后我国高等教育行政先后经历了中央统一领导、中央与地方两级管理、中央与地方以及中央城市办学的三级体制。现阶段与学生管理相关的中央行政管理部门是中华人民共和国教育部高校学生司和思想政治工作司，地方行政管理部门是地方教育工委或教委学生处和德育处。我国高校学生管理是深受中央及地方教育主管部门的行政影响并接受其垂直领导的。

### （四）主动介入管理

美国的高校学生管理采用大厅服务式模式，由学生提出需求，学校的服务大厅提供相应的服务。而我国高校的学生管理者与学生接触较多，联系密切，通常采用主动介入学生的日常学习和生活的方式，开展相应的管理与服务工作。

## 二、高校新型学生管理模式

通过对我国高校现行学生管理模式的特点分析不难看出，我国高校学生管理模式中主要由学生工作部（处）、校团委承担学生工作的职责。教务处、思政教研室、组织部等职能部处也兼有或多或少的部分学生工作的内容。但是这些职能部处的工作自成体系，导致学生工作难以形成系统性。在条块结合、两级运行的系统中，信息要经过学校、学院、辅导员、班级的传递后才能到达学生，这容易造成信息失真、传递效率不高甚至造成相互埋怨等问题。

因此，构建我国高校新型学生管理模式首要在于整合相关职能部（处）的学生管理职能和内容，探索建立起符合我国高校学生管理的“大学工”模式。所谓“大学工”是指高校学生工作专门化整体化格局，突出学生管理工作的独立主体地位。

新型学生管理模式中将高校学生管理工作内容和职能全部整合到学生工作部（处）和校团委中，由分管学生工作的校领导（一般为党委副书记或副校长）统一领导。按照学生管理工作的具体职能，学生工作部（处）下设思政教育中心、事务管理中心和发展服务中心三个中心，校团委下设组织宣传部、科技创新部、社团实践部和人文艺术部四个部门。新型学生管理模式组织结构图如图5-1所示。

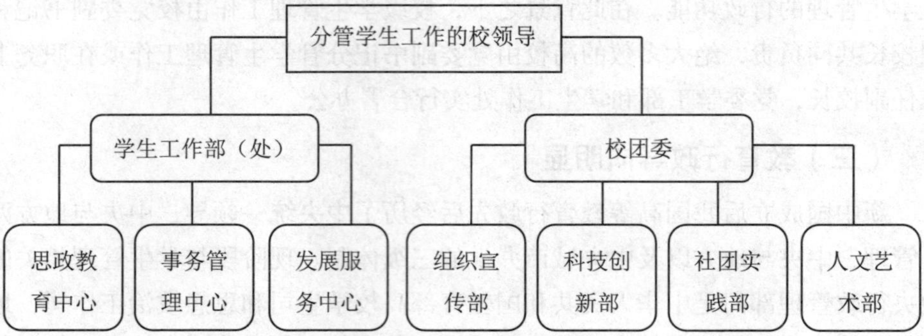


图 5-1　新型学生管理模式组织结构图

## （一）思政教育中心

思政教育中心主要负责高校学生日常思政类教育管理工作。中心下设思政类课程教研室、学生党建部、武装部三个工作机构，主要承担原思政类课程教研室、学生工作部（处）、武装部、组织部等职能部处的职责。

思政类课程教研室负责《思想道德修养与法律基础》《毛泽东思想、邓小平理论和“三个代表”重要思想概论》《中国近现代史》《马克思主义基本原理》《形势与政策》等课程的第一课堂教学任务与活动。其中马列课程教研小组的行政关系可挂靠在马克思主义学院，教师选留职称评聘均在马克思主义学院进行，其余课程均由思政类课程教研室统筹安排实施。

学生党建部负责学生党员的发展、教育和管理工作，组织开展学生党校、预备党员党校、学生党支部书记培训班等培训工作，指导大学生中国特色社会主义理论体系学习研究会等理论社团开展工作。武装部负责学生军事训练科目的实施、《军事理论》课程的教学任务以及国家征兵工作任务等工作。

## （二）事务管理中心

事务管理中心主要承担学生事务管理相关工作。中心下设招生注册学籍管理中心、学习生活管理中心、宿舍生活管理中心三个工作机构，主要承担原学生工作部（处）、教务处、研究生院、后勤处等职能部处的职责。招生注册学籍管理中心负责高校招生、注册及学籍管理、学生档案管理、毕业生派遣等工作。学习生活管理中心负责新生入学教育、学生各类违规违纪的处理、奖学金助学金的评审和发放、学生日常行为规范的约束等。宿舍生活管理中心负责学生宿舍的申请入住、退宿、维修等工作，指导学生宿管协会组织学生开展宿舍文化节、最佳宿舍评选等活动，鼓励学生积极参与所在区域的日常管理工作。

## （三）发展服务中心

发展服务中心主要负责为学生的健康发展提供各种个性化服务。中心下设心理健康教育与咨询中心、职业生涯发展与就业中心、勤工助学与经济资助中心、生活指导与个性服务中心四个工作机构，主要承担原学生工作部（处）、就业指导中心、校医院等职能部处的职责。心理健康教育与咨询中心承担《大学生健康教育》《社交心理学》等必修或选修课程的教学任务，提供心理门诊或心理健康咨询服务，紧急情况时对学生进行危机干预，开展国家心理咨询师专业培训，指导学生心理社团开展活动等。职业生涯发展与就业中心承担《大学生职业生涯规划》《择业指导》课程的教学任务，提供职业生涯规划咨询服务，搜集整理发布校园招聘信息，组织开展校园招聘会活动，开展国家职业生涯规划咨询师培训，指导职业导航协会开展活动等。勤工助学与经济资助中心负责为学生提供校内外勤工助学岗位信息，开辟勤工助学渠道，帮助家庭经济困难学生申请办理助学贷款手续，开展助学贷款偿还诚信教育工作，组织实施减免学费、临时性困难补助的审批与发放，指导勤工助学社团开展活动等。生活指导与个性服务中心负责为学生提供选课指导、学业指导、学术咨询、出国申请等具有个性化的指导与服务工作。

## （四）校团委

校团委下设的组织宣传部负责学生团员的发展、教育和管理工作，组织开展学生团校、学生团干部培训、主题团日、五四红旗示范团支部创建与评比等工作，组织学生寒暑假及周末进行社会实践活动，指导青年促进文化协会开展文化大讲堂等工作。科技创新部负责大学生第二课堂科技创新活动的开展，组织承办参与诸如大学生电子设计竞赛、“挑战杯”大学生课外学术作品竞赛等科技竞赛活动，组织实施大学生创新创业试验计划、大学生自主科研项目，整理搜集发布全校学术讲座信息，举办科普讲座，指导学生科技协会、知识产权协会开展相关活动等。

社团实践部负责指导校学生会、校青年志愿者协会、校社团联开展丰富多彩文化体育和社团活动。人文艺术部负责全校艺术类必修课、选修课的教学任务，指导学校合唱团、民乐团、军乐团、交响乐团、曲艺话剧团等学生艺术类兴趣社团开展排练和演出活动等。

在学院层面上，学院的学生工作组（学院团委）的工作职能，辅导员的工作内容对应学校学生工作部（处）三个中心和校团委四个部门的一项或多项职能或内容，实现垂直管理一人多能，利于精简人员与提高工作效率。

## 三、创新高校学生管理模式的关键因素

### （一）完善制度是保障

高校学生管理工作新型模式的实施，离不开相关配套规章制度的保驾护航。

首先，要建立起一套完善的领导机制，确保学生管理新模式有效运行。高校学生新模式中学校主管学生工作的校领导负责传达学习上级主管部门的重要精神与要求，研讨制定本学校实际的政策与规章制度。根据学校的发展规划和年度党政工作要点做好顶层设计，进行重大问题决策等。学生工作部（处）和校团委的主要负责人协助分管校领导做好工作，负责制定本部门的规章制度，将工作任务进行分解后交由各部门组织实施。

其次，要明确高校学生管理工作新型模式中学生工作部（处）各中心和校团委各部门的工作职责及义务，制定学生管理者的行为规范，使其对自己的工作内容、工作目标、工作标准等了然于胸，这样才能确保学生管理各项工作的有效运转，在提高工作效率的同时更好地为学生服务。

最后，在高校学生管理工作新型模式中，学生管理者要树立科学化制度管理的意识，科学合理有效的制度可以使学校各管理层级做到有章可循、有章可依，减小实际工作中的困难和阻力。

### （二）分层管理要清晰

高校学生管理工作模式的构建需要按照提高管理组织效率的要求确定管理层次，根据管理幅度来推算管理层次。在实践的过程中要防止学生管理工作模式中的高层管理者管理幅度过大降低管理质量或因为管理幅度过小影响办学效果。在组织效率方面要充分考虑学生管理工作模式中基层管理者的能力和积极性，为他们提供足够施展才华的空间，发挥其主动性和创造性。

### （三）集权分权要合理

学生管理工作模式的集权与分权主要是指“学校学生管理校级职能部门——学生工作部（处）和校团委与院级学生管理部门——学生工作组（院团委）”之间权利分配的问题，权力分配科学化水平高低决定部门层次之间的关系和工作效率。学生数量较大的学院，学生管理难度相对较大，管理中的情况与问题相对较多，基层需要更多的自主权用于决策。如果此时基层的管理自主

权较小，事事均要汇报，必然会延误决策时间，降低决策效率，甚至还会出现因上层组织不了解情况而出现决策失误的现象。

因此，在集权与分权的范围与方式上要注重效率和灵活性。此外，还可以建立动态考核机制，对分权的工作进行及时评估考核，一旦发现问题能及时改进。集权与分权要根据具体问题采用不同的方式，比如在学校奖学金与助学金的名额分配上，如果采用分权的模式，各学院之间很难在分配方式、分配条件上达成一致，因此只能采用集权的方式；而比如在学生创新能力培养上，各学院由于学科特点不同会采用不同的培养方式，因此宜采用分权的方式，充分发挥学院的创造性，并探索出符合学院学科特点的人才培养方式。

### （四）突出服务是前提

高校学生管理工作新模式与传统模式最大的不同就是突出了学生发展服务这个中心。多项网络调查表明，驱动当今学生追求事物的动力已不是对于青春和政治的激情，更多的是与自身切身利益相关的个人发展目标。大学生作为高校学生管理工作的客体发生了显著变化，他们的独立性、选择性、主体性等诉求显著增强。关注满足学生的个性化需求，也是现阶段学生管理工作的基本内涵，对学生的激励是对学生需求的满足，而突出学生发展服务是实现这一目标的前提。

高校学生管理工作新模式中学生工作部（处）中发展服务中心下设的心理健康教育与咨询中心、职业生涯发展与就业中心、勤工助学与经济资助中心、生活指导与个性服务中心，就是要寓管理于服务之中。

### （五）稳态动态管理相结合

高等学校肩负着人才培养、科学研究、社会服务、文化传承创新的重要历史使命，高校的定位决定了它不应该仅是一个自成体系封闭的小社会，而是一个海纳百川、充满活力的大社会。随着高校的社会化程度越来越高、开放程度越来越大，高校的学生管理工作无论从规模上还是复杂程度上比以往任何时期都应更加注重管理的动态性。高校学生管理工作作为高校管理的一个重要组成部分，根据国家和社会对人才培养的要求，在管理理念上要开放包容不要闭门造车，在管理模式上要实行动态管理而不是静态管理。

因此，各高校在实施学生管理工作新模式中，应根据学校类型特点的不同和人才培养目标的差异，注意管理工作模式内外环境和条件的变化，实现静态管理和动态管理的有机结合，既要在静态中突出灵活，又要在动态中保持稳定。高校学生管理工作新型模式既要打破原有的封闭模式，实现开放管理，更要注重动静结合，实现学生管理工作模式的稳定性发展，同时在发展中不断完善创新，不断适应社会需求和高等教育发展的需要。

## 四、高校学生管理工作模式创新策略

### （一）创新高校学生管理工作理念

高校学生管理工作是系统化的工程。目前，我国高校学生管理工作中常见的管理模式有三种：一是管理者仅凭自己的经验，利用职权采取的独裁式的行政管理模式；二是利用制度，用建立目标等手段来控制管理学生的操作性管理模式；三是以人为本的管理模式，即将管理看作服务于人的手段，是以学生的全面发展为宗旨的管理方式。

在这三种管理工作模式中，行政管理模式是强制性的管理，他压抑了人的本性，完全是独裁式的行为模式，抑制了学生的主动性和积极性。

操作性管理模式较为常见。目前，多数高校的学生工作管理部门都设有各项规章制度，依靠强制的执行来达到一定的目标，对学生进行制度化、规章化的管理。在这种管理体制下，学生的积极性和主动性受到了限制，在制度的束缚下，很多学生的天性得不到释放，创新意识和自我管理意识得不到有效的锻炼，师生关系僵化，管理工作的效率低下。因此，探索新型的学生管理工作模式，首先是要以人为本。

以人为本的管理模式其实就是以学生为中心，所有的学生管理活动，都围绕调动学生的主动性、积极性和创造性展开。这种管理模式充分考虑了人的能动性，必将是高校学生管理模式发展的走向。

以人为本是一种价值观的表现形式，他把人的本质作为最重要的东西，把人作为一切工作的基础，考虑从人本身的需求出发，以实现人的价值为最终任务。着眼到学生管理工作中，就是要以学生为基本出发点，把学生的个人发展放在首位。

### （二）明确新型管理模式发挥主导作用

学校组织机构以及政策的设计是学校的组织领导者源于自身的教育哲学思想和办学理念而制定的。因此，在新型学生管理模式构建中，学校的组织领导者成为新型管理模式的践行者。在学生管理模式构建的过程中，组织领导要学习较为先进的学生管理理念，并在达成共识之后将这种管理理念逐渐在教师群体内进行渗透。与此同时，学校的组织领导要在充分了解高校思想政治工作的基础上，站在全局的角度上，与学生工作者共同探讨学生管理工作开展的总体规划和基本思路，给予学生工作者充分的信任，使之在较为轻松的环境中不断提升工作效率和水平。

在高校学生管理工作实际开展的过程中，教师是核心力量，在新型学生管理工作模式构建的过程中，教师要充分发挥自身的引导作用，形成教师参与学生管理的可行性制度。比如，针对学生的大学学习生涯、专业知识学习以及价值观念形成等过程，教师要充分发挥主导作用，对大学生进行全方位和全过程的指导，以此来促进学生心智的成熟，为学生的全面发展提供有效的帮助[①]。

## （三）构建新型组织结构提高管理效率

在高校学生管理工作模式构建的过程中，建立高效能的组织结构是较为关键的一步。针对不同的学生规模，在组织结构建立的过程中其管理体制也存在一定的差别。例如，针对学生规模较大的高校，在高效能组织结构建立的过程中可以采取两级管理体制和条块相结合的运行机制设立服务性工作组织、调研性工作组织、政策性工作组织等，从而发挥各自的功能，推动帮扶、学生思想动态调研以及管理条例研究中心等工作的开展。

在学生管理工作开展的过程中以学院的规章制度为基本原则给予学生一定的自主选择权利，此外校部工作人员要精简以充实学院学生管理工作队伍。对于学生规模较小的高校来说，可以采取一级管理体制和条块结合的运行机制成立家长协作会，通过不定期和家长协作会之间的沟通和交流充分地掌握学生的实际情况，为学生管理工作的顺利开展提供有效的途径，奠定坚实的基础。

## （四）增强高校学生管理工作中的服务理念

当今世界，教育已经成为一种服务。世界各国都努力提高教育服务的水平和质量。对我国高校而言，这种理念需要不断推广和完善。

在以人为本的教育管理模式下，必须强化教育是一种服务的理念，学生是学校最主要的服务对象，是教育工作的主体。学校的各项工作目标就是要为学生提供优质的教育资源和教育服务，使得整个学校构成一个完整的服务机构，为学生创造有利于其成长成才的良好环境。学生管理工作是这个服务机构中的一个重要环节。

随着高等教育自费政策的普及，教育已经作为一种消费形式呈现在国人面前。对于学校而言，大学教师的主要任务是帮助学生去学习知识、管理知识和实践知识。教师和学生之间的关系是平等、民主的关系，必须摒弃传统的师道尊严和严格管理的思维，树立为学生服务、关心爱护学生的理念。管理者要站

① 钱毅.探讨英语教学中学生学习兴趣的培养 [J]. 科教文汇，2010（09）：114-115.

在学生的角度来看待学校的管理，使学校的管理模式更加适应学生的特点，让学生可以有更多自由的空间来发展个人才能。要调动学生的积极性和主观能动性，为学生自我发展服务。

教师是高等学校教育的主要承担者，对于在教育过程中落实服务学生的思想具有非比寻常的意义。要提高教师服务学生的能力和水平就需要加大对高校学生管理工作者工作能力的培养，加强对高校学生管理工作者综合素质的培养。

首先，高校学生管理者应当树立服务意识，从思想上和作风上彻底改变高高在上的姿态，充分尊重学生的人格和尊严，对于学生提出的合理要求要想办法予以解决，为学生提供一个良好的学习环境。做到真正热爱学生，发自内心地关心学生的个人成长与发展。

其次，作为高等教育中学生管理主要实施者的学生管理人员要有正确的教育思想和科学的管理理念，要有民主意识，要有兼容并包的思想，尊重学生在学术上的不同见解和对人生的不同看法，使学生习惯学校的管理模式，乐于接受学校管理行为给他们带来的有益的熏陶，从而促进学生学识的提高和身心的健康发展。

当然目前的学生管理工作并不完善，无论在服务内容和服务水平上，距离上文提到的“服务”的标准尚有不小的距离，这就给我国高校学生管理工作提出了更高的要求，需要高校学生管理工作能够提高质量。但是毋庸置疑，增强服务意识，提高学校各职能部门特别是学生管理工作人员的服务水平和基本素养，对于推动学校体制改革，建立有效的新型学生工作管理模式是有百益而无一害的。

### （五）运用“依法治校”创新学生管理工作方法

近年来，因学生规章制度的不完善或者不严谨，导致学生与学校之间官司时有产生。学生在校期间出现了一些突发事件，或者因为违反校规校纪受到学校的处理，抑或是学校在处理的时候处分太严，这些都可能造成学生对学校的不满，进而引起纠纷。因此，在以人为本的前提下，必须坚持依法治校，依法加强高校学生规章制度建设，并且保证这些规章制度不与法律法规相悖，这是维持良好的校园秩序，完善高校学生管理工作的有力措施。

从国家的角度讲，我们要依法治国，落实到学校内部，也要依法治校。我国的高等教育起步较晚，与发达国家相比，教育领域的法制化亦不完善，很多具体情况在学生管理工作中无章可循，这给学生工作管理人员带来了极大不便，同时也降低了工作效率。这种情况下，学校一遇到突发事件，如果没有制度可以参照，就需要开会讨论，反复论证，这大大影响了事件处理的时效性，也给当事人造成了很大的精神折磨。依法治校是转变高校学生管理工作模式的迫切需要，是规范和提高高校管理水平及效率的重要手段。

如何理顺高校与学生之间的法律关系呢？这是一个值得我们深入探讨的问题。当前，大学生的维权意识逐渐增强，学生不再像以前一样不敢去争取自己的合法权益。目前，部分高校已经或者正在建立自己的法律事务中心，专门用于解决学生和学校存在的纠纷问题，在现行法律的指导下，结合学校的规章制度来处理学生遇到的法律问题。大学既承担着对学生的教育功能，同时也具有管理学生日常生活，对学生进行学籍管理、奖惩的权利，并且也负有保障学生身心健康以及人身和财产安全的责任。学生在校期间，除了享受法律所规定的基本权利以外，还享有参与学校管理、参加各种活动的权利，这些都是需要通过依法治校的手段来明确的。

依法治校是高校学生管理工作模式改革的重要内容，通过依法治校，维护学生的合法权益，维持学校的正常教学秩序，促进学校稳定发展具有重要意义。

本书认为，落实依法治校需要遵循以下几个原则：

第一，高校学生规章制度的内容必须合理。依法治校的前提是不能违反国家的法律法规，同时要考虑学生的切身利益。也就是说，在制订规章制度时要合法合理，综合考虑国家的法律法规及社会认可的程度，同时还要兼顾大多数学生的利益，还要有助于学校的安全稳定。规章制度必须明确、规范、可行。

第二，高校学生规章制度的制定程序必须正当。高校在制定规章制度的时候，必须要符合国家的相关规定，不能与国家的相关法律法规或者规章制度相悖。这就需要高校管理工作者在制定规章制度之前，必须针对学校的情况和国家的要求进行深入的调查和论证；制定规章制度，需要符合程序，必须广泛听取群众意见，不能朝令夕改，特别是涉及学生切身利益的规章制度，一定要听取学生的意见，真正落实以人为本的理念，合理合法治校；对于违纪处分，可建立申诉机制，允许学生提出异议，不搞一言堂。

规章制度的解释权和适用范围必须明晰。规章制度制定好之后，必须规定解释权，一般应由学校负责解释。当出现对规章制度理解上的偏差时，由学校负责解释具体内容，以免因为理解的不同而影响制度的执行，陷入有章难循的窘境。同时，对于规章制度的作用范围一定要界定得比较清楚和明晰，在处理具体问题时能够做到有章可循并且不会违反国家的政策法规。

高校学生规章制度的修改和清理必须及时。有时候制定的规章制度可能跟不上形势的变化，就要及时修改或者废除。社会发展经常带来一些新情况，这就使得某些规章制度或者条文内容不能适应新情况的变化，因此也要及时地进行修正或者撤销。对于学生管理而言，规章制度只是手段，并不是主要目标，严格规章制度的同时也要不断完善规章。

### （六）促进信息化技术在高校学生管理工作中的应用

1. 信息化对辅导员队伍建设起到了推动作用

作为工作在学生管理一线的辅导员，其信息技术应用的水平直接决定了学生管理工作的效率。运用计算机信息技术，可以有效地实现无纸化办公，更加快捷地传达学校的重要通知，便于及时与学生取得联系和进行有效沟通。要推动学生管理工作的开展，改革学生管理工作的模式，就必须加强对辅导员队伍信息技术能力水平的培养。

（1）加强对信息化管理的认识

现代化信息技术的应用对于提高整个学校的竞争力，提高学生管理工作的效率具有重要价值，这也是信息化社会对辅导员工作提出的迫切要求。如果辅导员的信息化应用水平低则可能对高校信息化管理的推进造成障碍。这一方面可能使高校学生管理工作呈现出效率低的状况，另一方面也可能造成高校信息化推广工作的困难。因此，必须要加强对基层学生管理工作人员的信息化技能培训，让学生管理工作人意识到信息化的好处，意识到信息化管理的优点。

（2）要加大信息技术培训力度

由于很多辅导员并不是信息技术专业出身，计算机的应用水平有限，因此，学校应当组织专门的培训，提高他们的信息技术应用能力。学校要通过信息技术培训、普及信息管理技术、提升办公信息化程度、提高办公信息化系统的配置等手段不断提高辅导员或者学生管理工作人员的信息技术应用能力，让他们熟练掌握基本的办公软件如 Word、Excel、PowerPoint 等的应用，会用数据库软件检索和查询学生记录，分析学生信息中的有效数据。学校要建立学生管理系统数据库，并实时更新，指定专人进行系统维护，保证学生管理工作过程中的信息畅通。在具体工作中，可以做到在规定时间内联系到学生，及时处理学生在校期间遇到的各种问题。

综上所述，信息技术的应用对于学生管理工作十分重要，是提高高校学生管理工作效率和增强管理效果的重要手段，是适应当下学生管理工作发展要求的一项重要技术手段。学生管理工作是一项庞杂的工作，需要处理的信息量巨大，特别是高校扩招之后更是如此，学校对于学生管理工作的准确性和及时性的要求越来越高，这必然要利用信息技术来实现。高校要完善学生管理工作模式，必须重视信息技术的应用，利用信息技术可以提高工作效率，便于处理学生管理工作中的烦琐事务，信息技术是实现学生工作管理现代化的重要手段。

2. 现代信息技术是提高学生管理工作效率的有效途径

技术革命促进了社会进步。现代信息技术的发展使计算机越来越普及，高等学校的日常管理中，计算机技术已经成了重要的组成部分之一，其作用重大。由于学生管理工作信息量大，一名学生可能对应的信息非常多，如学生的姓名、学号、性别、身份证号、家庭住址、经济困难情况、政治面貌等，而且由于招生规模的扩大，一名学生工作管理人员往往要面对几百名学生，单纯靠传统的纸质档案管理办法显然是行不通的，利用计算机技术和网络技术，可以事半功倍地做好学生管理工作。

在高校学生管理工作中，计算机技术在以下几个方面得到了广泛的应用。

一是学生信息管理，利用计算机可以实现学生信息的保存、管理、查询，解决了大量信息的检索问题，节约了时间；二是日常事务的管理，学生日常事务的管理非常琐碎，涉及学生的方方面面，比如党建工作、助学工作等，利用计算机技术可以节约大量的人力物力，便于资料的整理归类；三是工作过程的控制，通过网络，可以实现办公的无纸化，同时也节省了学生和辅导员的时间，管理人员可以利用计算机和网络进行信息反馈，及时汇总各种信息，并调整方案，保证工作任务的圆满完成。

目前，电子产品的成本越来越低，配备齐全的信息化设备是高校信息化建设的必要条件，为学生管理工作人员配备适当的信息设备，对于改善学生管理工作条件有很大帮助。

3. 建设校园网络，引导学生正确使用网络

信息社会，掌握网络技术是学生工作人员应当具备的一项技能。依靠发达的网络技术，学生管理工作可以真正做到系统化和快速化。随着网络的发展与普及，它成为学生学习的新途径。通过网络，学生的视野得以拓宽，学生与老师之间的交流得到加强。同时，学生工作管理人员也可以多了解学生的动态，提高了工作效率。

网络对于学生思维方式的改变是巨大的，同时也大大改变了学生的行为模式。因此，建设完善的校园网络，符合当代学生的特点，也为学生管理工作人员提供了基于网络的良好的办公环境，使其提高工作效率的同时，更可以有效地完成学校的管理任务。

## （七）细化学生管理工作，推行模块化精致化管理新模式

精致化管理是当前管理科学领域的一个重要思想。针对学生管理的复杂性，提出精致化管理有助于提高学生管理的整体质量，同时也是改善和提升学生管理工作效果的一项重要手段。精致的管理在高校推行新的学生管理工作模式过程中地位很重要，同时为创新学生管理工作提供了重要思路。

1. 精致化管理的理论内涵

精致化管理起源于日本，是一种企业管理的理念，它主张科学化管理，要保证最大限度地减少管理所占用的资源和降低管理成本。这一思想已经广泛应用于很多管理学的领域，在常规管理的基础上，更加强调管理内容的细节化和精细化。

在提升组织整体执行能力的过程中，精致化管理是一项十分重要的手段，其实质就是将任务具体化和精细化，它是一种对战略和目标进行分解细化和落实的过程。在精致化管理中，组织的战略规划被贯彻落实到了管理过程中的每一个细微的环节，并且让每个环节都发挥作用。借助经过精致化管理确立了的组织体系，很容易找出整个体系中的薄弱环节，对于这些薄弱环节找到解决的方案并加以干预，可以保证整体更加有效地运转。

2. 精致化管理是高校学生管理工作的新理念

精致化意味着精益求精，将精致化思想引入教育领域，其目标是注重过程，追求卓越和精致。

高校学生工作精致化管理就是要运用精致化理论，将高校学生管理工作做细致。具体来说，就是能够了解每一名学生的状态，激发每位学生的潜能，使每位学生都能够找到适合自己发展的道路。

但是，要做到这一点非常不容易，因为高校学生的特点之一就是多样性。要做到精致化管理，需要在大学生培养的所有环节中都做到细致入微，这需要全员的参与，包括学生管理工作人员和任课教师，精致化管理是一种高度，体现在大学生培养教育的每个细节当中。

3. 高校推行学生工作精致化管理的重要意义

精致化管理是学生管理工作模式的创新，它强调学生管理工作的可持续发展，对学生和教师都提出了更高的要求，需要师生的密切配合和共同努力，从细节着眼，最终实现整体的共赢，是适应新时代要求的管理模式。

（1）高校学生精致化管理充分体现了当代高等教育改革的重要发展趋势

与以往的管理模式不同，精致化管理强调学生个性的发展，承认学生的差异性并致力于满足每一位学生的要求。相比于传统死板的管理模式，精致化管理能够极大地调动学生的积极性和内驱力，使学生具备较强的创新能力和社会适应能力。

高校学生精致化管理最大的特点在于它充分借鉴科学管理模式，不是单方面地取向于某一种管理方式，而是注重个体差异，强调以人为本，充分培养学生的创造力和发挥学生个人的主观能动性，有针对性地开展管理工作。

（2）高校学生工作精致化管理符合当代大学生的身心

现阶段，在校大学生多为“00后”，与以往的大学生相比，他们可以接触到的信息量更大，思想也更加多元化。由于社会经济的冲击不能给他们带来更多的诱惑和挑战，所以他们的价值取向和评价标准差异很大，即便是同龄的学生，生活与成长的环境相似，其价值观和人生观也可能相差各异，这就给学生管理工作带来了很大的困难。

如果将以往一刀切的传统模式用在现在的大学生身上，势必会遏制一部分学生个性的发展，运用精致化管理的理念，可以引导大学生追求正确的价值观，促进学生自我发展、自我服务和自我完善。由于精致化教育的机动性，提供了学生和老师发挥的空间，是保证学生成长成才的有效途径。

4. 推进高校学生工作精致化管理的有效途径

精致化学生工作管理模式需要着力坚持“以人为本”的学生管理理念，是“以人为本”理念在高校学生管理工作中的生动体现，它要求做到“一切为了学生、为了一切学生、为了学生的一切”，把学生放在最重要的位置。学校的根本任务是培养对祖国、对社会有用的人才，即培养综合素质过硬的学生，因此无论是学校的哪项工作，都要以学生的培养工作为中心。

精致化管理具有特殊性，在落实精致化管理时，要加强人员队伍建设，这包括学生管理人员队伍建设和学生干部队伍建设。要充分发挥辅导员和学生干部的作用，切实的了解每一位学生的情况，包括其家庭条件、行为习惯、学习能力、经济状况、个人素质、个人特长、情感状况、心理状态等，并且针对具体学生的情况进行具体分析，找出适合学生个体发展的合理途径，并且对他们今后的发展开展必要的追踪调查。由于这个工作量巨大，也十分细致，因此需要培养有力的学生干部队伍来辅助辅导员和学生管理工作人员完成工作。其中，针对情况特殊的学生，应重点研究，针对学生实际实施分层培养方案，将队伍建设向科学化、精致化方向推进。

### （八）创新人才培养目标，明确共同愿景

在学生管理工作开展的过程中高校的管理者要对其目标有一个清楚的认识和定位，从而创新高校人才培养模式。当前阶段的高校学生其生理和心理都处在特殊发展阶段，需要教师的关心和引导来加强学生对社会环境的认识，以此来塑造正确的人生价值观。因此，在学生管理工作开展的过程中要以人才培养目标为核心，帮助学生正确处理好五个方面的关系。

第一，正确地处理知识与能力之间的关系。学生的发展不仅包含认识的发展，还包含认知、情感、动作技能以及意识等多个方面综合素养的和谐发展。第二，正确处理好知识经验和潜能发展之间的关系。在学生管理工作开展的过程中要让学生正确地认识到自身已有的知识经验和潜能发展之间的关系，加强对学生潜能的开发，以此促进学生潜能的发展。第三，正确地处理教育管理的适应性和学生参与性之间的关系。在学生管理工作开展中要通过管理手段的创新激发学生的积极性和主观能动性。第四，正确地处理好教育与自我教育之间的关系。为了有效地促进学生的全面发展，要加强对学生自我教育意识的培养，以此提升学生的自我教育能力。第五，正确处理好教育管理的规定性与学生选择性之间的关系，即在不违反学校规章制度的基础上重视学生选择能力的培养，加强对学生情感态度的重视程度。

### （九）建立终身学习、组织学习机制提高管理水平

高校学生管理工作水平提升的关键在于高素质高水平的学生管理工作团队的建设，因而要加强对学生管理工作队伍的培养，使其在学生管理工作实际开展的过程中不断地实现自我，不断地提升专业能力。

以美国德育队伍为例，在专业化的德育队伍中不仅有教育专家、心理学家还有社会科学家和行为科学工作者，只有更为专业的学生管理队伍才能为学生管理工作水平的提升提供强有力的保证。基于学习型组织构建逻辑，在学生管理模式构建的过程中需要构建管理者的终身学习机制和组织学习机制。

在终身学习机制建立的过程中除了要对现有的学生管理工作者进行培训，还要通过长短期结合、理论学习与社会实践结合、研究与培训结合以及校内外培训结合等多种培训方式促进工作者管理水平的提升。除此之外，还要有针对性地选择学生工作者攻读与工作相关的学科，比如说高等教育管理学等，以此来提升管理工作者的业务水平，从而形成终身学习的意识，为学生管理水平的

提升提供强有力的保障。

在组织学习机制建立的过程中，不仅要重视学生个体的学习和发展，而且对于团队的合作学习也要非常重视。在学生管理工作模式构建的过程中要建立组织学习机制，强调在工作的过程中进行反思性学习组织专家型管理者开展结构化、系统化的归纳总结从而改善工作者学习的行为和方式。

此外，学生管理工作者团队还要及时捕捉学生现有的情况以及思想状况，让交流和沟通成为常态化，通过深入调查和研究，探索学生发展的新规律，及时调整管理工作的方式，做到以学生为中心，适应新形势的转变。

### （十）建立“三化一性”管理环境实现管理统一

在高校学生管理工作模式构建中，高校学生管理者应建立“三化一性”的管理环境实现自主管理与开放管理的统一。在此环境中学生和管理者之间会形成一种彼此信任的关系，从而实现高校学生管理工作效率的最大化。其“三化一性”的管理关系主要体现在四个方面。

第一，民主化管理。在实际开展学生管理工作的过程中学生成为管理体系的主体，与学生相关的管理制度问题以及学生自身的问题可以通过和学生商议的方式进行决定。这改变了传统模式中管理者硬性规定的方式让学生主动地参与其中，不仅尊重了学生的情感，而且还能够得到学生的认同，充分发挥了学生的智慧，并培养了学生的创新能力和创造性思维。

第二，扁平化管理。当前高校学生管理一般采用垂直传递的决策方式，高校在管理工作实际开展中基本上是以命令的形式要求学生执行，而扁平化的管理方式则是和现代化的信息技术结合，学校可以利用官博、官微以及其他的交流平台调动学生的积极性，使之在参与决策的过程中充分发挥自己的主观能动性。

第三，自主化管理。即在开展学生管理工作的过程中将部分的职能交给学生，通过这样的方式不断的锻炼学生的自主管理能力。

第四，服务性管理。即行政管理模式逐渐向服务型管理模式转变，例如，在高校学生管理工作实际开展的过程中可以成立学生援助中心或学生心理咨询中心，针对学生在实际过程中存在的问题提供针对性的解决方案，充分的发挥学生管理工作的实用性。

# 第六章　高校学生管理工作法治化的必要性与可行性

学生管理工作法治化是高校推进依法治校、建设法治校园、实现高等教育现代化的重要举措。随着学生维权意识的不断增强，高校急需强化法治化建设，提升依法治校能力，提高学生管理队伍的法治化水平，增强学生的法律意识、底线意识，共同推进高校学生管理工作的法治化水平。本章分为高校学生管理工作法治化的必要性和高校学生管理工作法治化的可行性两部分。主要内容包括：贯彻全面依法治国方略的必然要求、构建和谐校园的迫切需要、现代高校思想政治教育的客观需要等方面。

## 第一节　高校学生管理工作法治化的必要性

### 一、高校学生管理工作法治化的成就

#### （一）教育法律法规体系初步建立

法律体系建立是法治建设的首要任务和依法治国的根本基础。中国特色社会主义法律体系为国家经济建设、政治建设、文化建设、社会建设以及生态文明建设提供了法律保障。

改革开放以来，我国教育法制建设取得了显著进展，颁布出台了多部法律，教育部颁发了一系列规章和高校依据法律法规自行制定了各种规章制度，为我国大学生管理法治化提供了依据。党的十一届三中全会以后，大学生管理法治化的实践进入迅速发展时期。1980 年 2 月，第五届全国人大通过了《中华人民共和国学位条例》，这是新中国成立后由国家最高权力机关制定的第一部有关教育的法律，标志着我国大学生管理单行教育法规的诞生。1982 年《中华人民共和国宪法》的颁布，为教育领域的法制建设提供了宪法依据。1990 年《普通

高等学校学生管理规定》的出台，标志着我国高校自制校规校纪的开始。1995年《中华人民共和国教育法》的颁布为大学生管理法治化指明了方向。1998年的《中华人民共和国高等教育法》标志着我国高等教育法治化的开始。1999年依法治教方略的提出，标志着大学生管理法治化进入了全面推进时期。2005年教育部颁布的《普通高校学生管理规定》，是目前大学生管理最主要的法规依据。2016年12月16日通过的教育部41号令《普通高等学校学生管理规定》于2017年9月1日起实施，该规定体现出与时俱进的特点，具有重要指导意义，将成为大学生管理法治化的重要依据。上述一系列规范高校行为的法律、法规在大学生教育管理等方面发挥着积极的作用。

此外，各个高校依据法律法规制定了各自的学校章程和制度，为高校教学秩序正常运行提供了有效保障，有效保护了大学生权利，约束与规范了高校管理行为。目前，我国教育领域初步形成了由教育法、教育专门法所构成内容完备、结构合理的教育法律法规体系。

## （二）学生管理法治理念初步形成

以往传统高校学生管理工作的观念过分重视学校的教育教学秩序，对于学生合法权益重视不够，学生应有的权益救济维护不到位。随着我国改革开放的发展、社会主义现代化建设的顺利进行和依法治国方略的不断深入推进，大学生管理工作法治化得到迅速发展，逐步形成了一套完整的管理体系，学生管理工作法治化的理念也逐步深入到高校管理的各个领域与各个层面。高校领导、各学生管理部门、辅导员等教育管理工作者的法治意识均有了一定程度的提高，在学生管理工作中，学工部（学生处）等管理部门、辅导员等教育管理者已经基本上能够运用相关法律法规进行管理，尊重学生各项权利，规范学生各种言行，维护学生权利。

近些年来，学生与高校关系不再是单纯的教育管理关系，体现为复杂的混合法律关系。因此，高校和教育管理者更加重视对学生权利的维护和保障，高校管理法治化倾向日趋明显，法治观念逐步深入人心，管理者更加尊重学生、关心学生、激励学生，尊重学生的权利价值，关心学生的权利实现，培养学生的权利意识，激励学生的权利追求，在高校中逐渐营造了良好的法治环境。

随着我国社会主义市场经济发展变化和法治建设进程的加快，大学生的法律意识、维权意识不断增强。大学生的法治观念与权利意识增强后，大部分学生在学习、生活和工作中更加擅于运用法律手段维护自身的合法权益，法治理念逐步入脑入心。

党的十八届四中全会通过了《中共中央关于全面推进依法治国若干重大问题的决定》，该决定必将指引着高校及其管理者进一步扎实做好依法治校、依法办学、依法管理工作，促进大学生管理工作法治化。辅导员等大学生工作管理者用法治理念重新审视其管理行为，可以让大学生的基本权利在法定的范围内得到最大限度的保障。

## （三）学生工作法治实践初显成效

伴随依法治国、依法治教、依法治校进程的加快与深入落实，学生工作法治实践成效初显，体现在依法管理、纠纷解决、制度创新等方方面面。随着当下法治建设的全面推进，高校学生工作依法进行管理取得了一定的进展。在思想观念上，以辅导员为代表的一大批教育管理工作者提高了自身的法治意识，大学生的法治观念与维权意识进一步增强。另一方面，管理部门与管理者基本能够按照相关法律法规进行学生管理，让学生民主地参与政策、制度的制定和各项工作的管理。

近些年来，我国高校与大学生之间的法律纠纷屡见报端，引起了社会的广泛关注。高校与大学生之间的法律纠纷充分反映了高校学生管理法治化工作的复杂性、特殊性，上述事件的有效解决也体现出我国高校学生管理工作法治实践初见成效。

随着国际国内形势的变化和高等教育的大众化，大学生管理呈现出更为复杂的态势，工作难度加大。面对新问题和新情况，很多高校运用法治的手段，对大学生管理法治化进行了大胆尝试，纷纷出台解决问题的各种规范、制度，目前形成了相对比较健全的大学生管理制度，管理措施和管理秩序效果比较明显。

听证便是近年来采用的较为有效，受到普遍好评的一种制度。听证制度具有科学性、民主性和法制性特点，兼具信息、咨询、参与、监督、控制、反馈多种功能，最初为西方国家普遍采用，后为我国行政机构借鉴采用。听证本身是一种“疏导阀”，它给当事者一种权利与一个机会，给管理者一个宣传管理主张的机会，增进管理者与被管理者沟通和相互理解，使管理者和被管理者能够从中获取双赢效果，使广大学生对所在高校产生强烈的心理认同感与亲和力。

## （四）学生管理传统方式转变

对于推进高校学生管理法治化进程，学生管理方式的转变是一项重要内容。要保证高校学生管理工作的民主化、规范化、程序化，就必须完善高校学生管理的相关法律法规，摒弃传统不合时宜的教育管理模式，制定与时俱进的教育管理制度。

## 二、高校学生管理工作法治化的必要性

### （一）贯彻全面依法治国方略的必然要求

1. 依法治国的战略部署

1997 年，党的十五大报告明确地提出“依法治国，建设社会主义法治国家”，依法治国成为党治理国家的基本方略。

1999 年 3 月九届全国人大二次会议上通过的中华人民共和国宪法修正案首次把“依法治国，建设社会主义法治国家”写入我国的根本大法——《中华人民共和国宪法》。

2014 年的十八届四中全会又首次以中央全会的形式将“依法治国”作为主题，提出“全面推进依法治国，总目标是建设中国特色社会主义法治体系，建设社会主义法治国家”。

2017 年 10 月，党的十九大报告中，“坚持全面依法治国”被纳入新时代坚持和发展中国特色社会主义的基本方略，明确了“建设中国特色社会主义法治体系、建设社会主义法治国家”的总目标。

2019 年 2 月习近平主持召开中央全面依法治国委员会第二次会议并发表重要讲话。会议认为，做好改革发展稳定各项工作离不开法治，改革开放越深入越要强调法治。要完善法治建设规划，提高立法工作质量和效率，保障和服务改革发展，营造和谐稳定社会环境，加强涉外法治建设，为推进改革发展稳定工作营造良好法治环境。

2. 依法治校的时代要求

依法治校是在依法治国的时代背景下提出的。实行依法治教，把教育管理和办学活动纳入法治轨道，是在社会主义市场经济条件下，教育进一步改革与发展的客观需要；是教育行政部门改变领导方式，依法行政，提高行政管理效率与水平的必然选择；是培养跨世纪一代新人，实施科教兴国战略的有力保证。

依法治教，顾名思义，即依据法律管理教育事业，它既包括国家和国家机关对教育事务的管理也包括学校的内部管理。因此，教育部在 2003 年 7 月 17 日发布的《关于加强依法治校工作的若干意见》中明确指出：依法治校是依法治教的重要组成部分。依法治校是贯彻党的十六大精神，推进依法治国基本方略的必然要求，是教育事业深化改革、加快发展，推进教育法制建设的重要内容。

依法治校中的“治”即“管理”之意，其中的“校”当然包括高等学校。随着教育改革的深入以及党和国家对高等教育的高度重视，高等学校的发展受到政府和民众前所未有的关注。而随着我国的高等教育从精英教育向大众教育转变，高校学生管理出现了新情况和新问题，吸引了大众的眼球。

因此，高校学生管理法治化是依法治校的重要组成部分。实行依法治校，就是要严格按照教育法律的原则与规定，开展教育教学活动，尊重学生人格，维护学生合法权益，形成符合法治精神的育人环境，不断提高学校管理者、教师的法律素质，提高学校依法处理各种关系的能力。以上依法治校的种种要求，具体到高校学生管理领域，都只有通过高校学生管理法治化模式才能得以实现。因此，高校学生管理法治化，是依法治校得以实现的关键举措，是依法治教和依法治国的必然要求。

3. 网络空间治理的现实需要

互联网是现实生活的延伸，网络社会需要法治，这也是依法治国的重要内容和方面。全面推进依法治国，必须对网络空间进行依法治理。党的十九大报告提出，要加强互联网内容建设，建立网络综合治理体系，营造清朗的网络空间。

随着网络科技的迅速发展和自媒体时代信息传播的隐匿性，一些新的违法犯罪行为层出不穷，而自媒体平台成为网络犯罪的重灾区。

目前，我国网络犯罪主要有四种形式：一是利用网络从事虚假、诈骗，传播色情、暴力内容等违法违规活动；二是利用网络从事鼓吹推翻国家政权，颠覆社会主义制度，煽动宗教极端主义等带有明显政治目的和意识形态的活动；三是进行非法商业交易；四是传播网络病毒，进行网络攻击，制造网络故障等。

我国先后颁布的各类法律法规并未能使网络违法行为绝迹于现实生活，这就需要我国的相关部门加快对互联网安全的立法过程，使互联网法律法规覆盖网络运行的各环节和全过程，更有效地加强自媒体时代的网络空间治理，从而更好地贯彻全面依法治国的方略。

4. 高校走内涵式发展道路的必然之举

当前，高校已进入以法治思维和法治方式深入推进高等教育综合改革、教育评价改革的新阶段，依法治校是确保高校内涵式发展的最可靠方略。高校管理工作者要因时而进、因势而新，遵循“以事实为依据”的原则和“以法律为准绳”的司法准则，使用法治的理念管理各种事务，合理解决学校和学生的各类纠纷，尊重权利双方的平等关系，让高校学生管理工作逐渐科学化、规范化、法治化。

5. 学生维权意识不断增强的必然选择

随着我国法治化进程的加快，大学生的维权意识迅速提升，给学生工作特别是学生纠纷事件处理带来了全新的挑战。试想，如果学生工作管理者不具备相关法律常识，往往就会发生很多不必要的矛盾，特别是在学生知情权、隐私权、申述权等问题的处理上稍有不慎，就可能让学校站上“被告席”。

## （二）构建和谐校园的迫切需要

1. 提升高校学生管理水平的必要举措

随着国家各行各业改革如火如荼地进行，我国的高等教育事业经历了巨大的变革，高等学校的法律地位发生了变化，同时学生开始对自身权益日益重视起来，我国的高校学生管理工作面临许多新的问题和挑战。高校从完全国家拨款的办学机制，转变为收费制，这使高校的法律地位发生了根本变化，高校在管理上拥有相对的自主管理权，但是管理权在行使的过程中，也往往涉及侵害学生个人权利的方面。

在现实的众多案例中，越来越多的高校学生并不再对学校的各种管理无条件的服从，转而开始考虑和维护自身的合法权益，甚至有些学校已被诉至法庭。社会形势的日趋复杂和多元化以及高校学生权利意识的觉醒，使高校管理者必须要正确认识时代发展的要求，运用新的教育和管理理念，创新性地开展高校学生管理工作，以保障和谐校园的建设、合格人才的培养以及高等教育事业的良性发展。

2. 化解高校危机的重要手段

作为社会的重要组成部分，高校与政府、企业及其他营利性或非营利性组织一样，会面临各种各样的危机挑战。近年来，我国高校危机事件频发，学生自杀、校园暴力、师生冲突、学术腐败、财政危机等现象层出不穷，社会反响强烈，严重影响了学校正常的教学秩序，影响了高校的整体形象和声誉，甚至影响校园的和谐、稳定与学生的发展。

在自媒体空前繁荣的网络时代，高校的诸多危机事件与现代网络媒体有日益复杂的联系。高校学生作为网民的一部分，常常乐于通过网络媒介对普遍关注的校园及社会热点问题，发表自己的观点和意见，并进行交流和讨论。在遇到突发事件时，自媒体很容易成为负面信息或不实信息滋生、传递、扩散的渠道，甚至是形成、引发、推动高校危机发展的关键力量。

面对层出不穷的危机和自媒体这把双刃剑，高校管理者同样可以有效借助自媒体网络传播的巨大力量来推进高校危机事件的解决，发挥舆论领袖的作用，使高校在危机管理中能化危机为转机，最终实现危机管理有效、舆情引导到位、校园和谐稳定的目的，以促进高校的建设与发展。

### （三）现代高校思想政治教育的客观需要

现代高校思想政治教育的内容非常广泛，概而言之，思想政治教育就是一定的阶级、政党、社会群体遵循学生的思想品德形成发展规律，用一定的思想观念、政治观点、道德规范、对学生施加的有目的、有计划、有组织的影响，使他们形成符合一定社会、一定阶级所需要的思想品德的社会实践活动。

《中共中央国务院关于进一步加强和改进大学生思想政治教育的意见》中，把坚持教育与管理相结合作为加强和改进大学生思想政治教育的基本原则。强调把思想政治教育融于学校管理之中，建立长效工作机制，使自律与他律、激励与约束有机地结合起来，有效地引导大学生的思想和行为。而高校学生管理工作模式的选择，对思想政治教育的开展和成效有不同的影响，高校学生管理工作法治化是现代高校思想政治教育的客观需要。

1. 有利于高校思想政治教育队伍建设

目前我国高校学生管理工作的主体是党委领导下的校长负责制，具体落实的主体基本是学校的学生工作处、各院系主管学生工作领导和奋战在第一战线的辅导员和班主任们。而实现高校学生管理法治化，务必要求高校的学生管理者们具有较高的法律素质和先进的法治理念，以及对法律权威的尊崇。而高校思想政治教育的主体分别是学校党政干部和共青团干部、思想政治理论课教师、哲学社会科学课教师、辅导员和班主任。不难看出，学生工作处和各院系的学生工作领导及辅导员们既是高校学生管理工作的主体，也是高校思想政治教育的主体，因此，实现高校学生管理工作法治化，管理者法律素质的提高，必然有利于高校思想政治教育队伍建设。

2. 有利于高校思想政治教育中的法治教育具体化

法治国家的建设，不仅需要完备的法律体系，更离不开国民法律素质的提高。若要实现高校学生管理工作法治化，在学生管理过程中，要注重法治宣传和教育，各项管理制度要严格按照法律规章进行，注重程序正义，建立完善的权利救济制度。学生在法治环境中耳濡目染，在规范的程序中规范自己日常的行为，可以形成知法、用法的好习惯，不仅能增强法治教育的效果，而且还可以对法治教育的成效进行及时的反馈，从而矫正法治教育中存在的不足。

3. 是现代高校思想政治教育管理科学化的必然选择

高校学生管理，其中包括高校对学生进行思想政治教育的管理，包括思想政治教育队伍管理、课程管理、方式管理、内容管理等很多方面。随着思想政治教育环境的变化，现代思想政治教育要求管理的科学化，具体体现为管理规范化、管理制度化和管理民主化，而规范化、制度化、民主化恰恰是法治化的要求。

## （四）自媒体时代学生全面发展的必然要求

传统的高校学生管理工作一直把学生视为单纯的被管理者，对学生权利意识和主体意识是一直忽略的，高校所制定的相关管理规章也是站在高校管理权的角度上，而学生应该享受的同等权利并未予以说明。高校学生管理工作法治化的贯彻实施可以使学生充分发挥主体意识和提高自己的主体能力，从而正确意识到自己应有的权利主体身份，更好更快地提高自己的综合能力，从而在未来缤纷复杂的社会中具备快速适应的能力，也为自己综合才能的施展寻找到更广阔的空间。

## （五）市场经济的发展吁求契约观念的生成

道德、宗教、哲学、政治法律思想等社会意识形态都是由社会经济基础决定，受物质资料生产方式支配的，它们的性质取决于在社会上占统治地位的生产关系和生产方式的性质。

近年来校生纠纷现象频发，导致学生管理工作法治化的呼声越来越高，深究其因是有着深刻的经济发展这一时代背景的。我国从政治上高度集权、经济上高度集中的计划经济体制向社会主义市场经济体制的转变，高等教育领域的深刻变化和系列改革，都与之息息相关，也可以这么说，市场经济的发展呼唤契约观念的生成，高校扩招实现从精英教育到大众教育的转变，都是本书考察的重点时代背景。

改革开放前，中国实行高度集中的计划经济体制，政治、经济、文化等一切领域都由国家集中掌控，教育责任必然由国家全部承担，由政府代表国家举办、调控、管理教育。当时，教育基本被定位为政治上层建筑，是一个封闭的与市场无涉的领域，高等教育领域也必然如此，高校代表国家、政府对大学生进行管理，高校和大学生是不平等的隶属关系，高校按照国家、政府意志实施教育管理职能，缺乏自主权。大学生接受高等教育，无须缴纳学费，完全屈从于高校的教育管理，高校在国家行政权力统摄下没有自主管理权。

中国社会自20世纪70年代末市场经济体制改革以来，摒弃了传统计划经济体制，人们由“熟人社会”进入了“陌生世界”。改革开放后，市场经济体制的建立、健全和发展，内在吁求并必然孕育、催生出一个倡导契约、法治的社会。市场经济是一种主体地位平等的经济，是一种开放的外向型经济。市场经济使社会生产力获得了巨大解放和发展，也催生了新的阶层，人与人之间的关系不再依靠血缘亲情纽带，而是在市场经济中依靠契约来确立、调整人们之间的社会关系。平等、自由、等价交换成为市场经济内在要求，这些要求在法律上的集中表现就是契约，可以说，这样的社会就是“契约社会”。

在市场经济中，契约取代了身份，其实质是在独立的主体之间建立的相互关系和联系，亦即人的解放，人民群众以主体地位自主地迈入社会这个大舞台。马克思认为任何一种解放都是把人的世界和人的关系还给自己，国强民兴，首先要解放个体，振兴个体主体精神。契约观念是市场经济的必然要求，在发展成熟的市场经济社会中，契约是整个社会的运作通则，契约是市场经济社会中主体双方权利平等和意志自由的产物。某种程度上说，市场经济就是契约经济，契约追求自由，即追求个人利益或幸福的自由。中国特色社会主义市场经济体制的实践表明，市场经济所推崇的契约等观念，要真正付诸实施并发挥其应有作用，离不开法治国家、法治社会的规范，也离不开“‘契约文化’理念支持、扶植”。①

人类社会发展过程就是一个由传统的非法治社会向近现代法治社会转化的过程。基于各国的经济、政治、文化、历史和国情诸多方面的差异，决定了其法治社会转化的实现程度，我国正在实现这种转化，我国市场经济的良性发展必须要有完备的法律法规体系来规范和保障。

随着市场经济的迅速发展，市场在社会生活中的作用不断增强，社会在许多方面不再完全依附于国家，自主性也不断增强。市场有限介入，政府有限干预，高等教育领域也是如此。校生纠纷在内的学生管理问题也应放置于这种背景之下去考察和探究。中国把市场机制引进教育领域，目的是通过市场力量促进教育的质量，满足不同人群对教育的需求与渴望。

市场经济的发展，催生高校、学生、学生家长等各类主体地位的平等，市场经济引入教育后，学生、学生家长在缴纳学费付出“代价”后，若认为高校没有满足自己的诉求，或者损害到了自身权利、利益，违背市场经济规则，有违契约观念，未能遵守自己本应履行的权利义务，必然会引发矛盾纠纷。这种

① 袁祖社．马克思主义人学理论与社会发展探究[M]. 北京：人民出版社，2016.

情况下，必须由“天生的公平派”法律去解决，必然依靠法治手段来处理，必然呼唤法治社会的到来。依法而治，解决各方的矛盾冲突，做到公正、公平，维护学校、学生等各方权益。

### （六）由精英教育转向大众教育的必然要求

高等教育由精英教育发展到大众教育是历史的必然趋势，精英教育和大众教育是高等教育的两种不同模式，不是划分社会成员等级高低的依据。高校扩招反映出现代社会对高等教育水平以上人才需求的增长，大众教育阶段，高等教育成为多数人享有的一种权利。

目前，我国已经实现了高等教育大众化目标，高等教育实现了跨越式发展，正在向进一步的普及型高等教育发展。然而，回顾从精英教育到大众教育的转变过程，看到巨大成绩的同时，也伴随着诸多问题和挑战。

在高校扩招前，高校实行精英教育模式，高考可谓千军万马挤独木桥，高考入学、毕业关乎一个人的前途命运，民众对高等教育始终是渴求的状态。精英教育模式下，学生免费入学或学费较低，获得国家助学资助，国家分配工作，学生和家长无须支付“额外代价”，完全服从高校的教育管理，在这种体制下，高校处在无讼状态。1999 年原国家计划发展委员会和教育部联合发出紧急通知，决定 1999 年中国高等教育在年初扩招 23 万人的基础上，再扩大招生 33.7 万人，这开启了大众教育的先河。从此，中国高等教育，进入快速发展而又“焦躁不安”的探索状态。中国高校开始实行扩大招生政策，同时伴随着学费改革和就业改革。高校扩大招生起初达到了国家的目的，迎合了高校、民众和用人单位的需要。

然而，旧的价值理念被打破，新的价值观念还未完全建立，高校的各种矛盾和纠纷也随之纷纷出现。高校扩招以后，有限的教育教学资源已经无法满足日益扩大的大学生群体。大学生数量猛增带来一系列消极后果，学生管理、教学质量、师资力量、后勤保障诸多问题逐渐暴露出来，各种矛盾错综复杂。同时大学生整体素质相对下降和生源多样化问题，加之市场经济的发展带来各种社会问题的折射，贫困生问题、心理健康问题、就业择业难问题都使学生管理工作更加复杂。大学生自费上学，缴纳巨额学费，学校法律地位发生了变化。随着公民权利意识的增强，大学生不再像过去那样完全服从高校各种规章制度管理，出现为自身权益呐喊乃至与高校对簿公堂的现象。

大众教育过程中的数量与质量关系问题和校生纠纷等深层次矛盾问题，是摆在高校学生管理工作面前紧迫而巨大的挑战。高校是培养祖国建设者和接班人的摇篮，培养具有法治意识的大学生也是其应尽义务。高校秩序的稳定和学生管理的有序，只有依靠法律手段，运用法治管理理念，才能实现校园和谐、师生和谐。以辅导员为代表的大学生管理者必须更新理念，实现大学生管理工作规范化、科学化、法治化。

### （七）法社会学在中国法律文化中的特殊意义

中国传统法律文化土壤中的儒家“厌讼”思想，使一些非制度化的、以儒家价值为标准的商议与调解成为主要纠纷解决形式，传统儒家文化影响一直持续至今。在当代，非诉讼纠纷解决机制在处理矛盾和纠纷中一直发挥重要作用，这也意味着法社会学在中国法律文化土壤中有着非常广阔的应用空间。对于在法社会学视野下开展高校学生管理工作法治化研究而言，建立中国特色法社会学研究的方法论体系有助于立足具有中国特色的高校学生管理工作这种特殊环境，推进高校学生管理工作法治化和法律制度完善。

## 第二节　高校学生管理工作法治化的可行性

## 一、高校学生管理工作法治化的理论依据

### （一）党的依法治国与依法行政方略

法治是社会主义核心价值观关键词之一，法治是社会层面的价值取向的必要要求；法治是整个社会把法置于最高地位，整个社会按照法来治理；法治是为实现人和社会和谐发展提供必需的规范；无法治即无自由，也就不存在和谐；社会主义法治社会必须坚持有法可依、执法必严、违法必究。具体来说，“一是进一步加强和改进立法工作；二是坚持法律面前人人平等；三是全面推进依法行政；四是推进司法改革；五是加强法制宣传教育”。2014 年 10 月 23 日党的十八届四中全会通过了《中共中央关于全面推进依法治国若干重大问题的决定》（以下简称“《决定》”）。《决定》指出，“深入推进依法行政，加快建设法治政府，增强全民法治观念，推进法治社会建设等目标”。《决定》指出，创新法治人才培养机制，“建设高素质法治专门队伍，把思想政治建设摆在首位，加强理想信念教育，深入开展社会主义核心价值观和社会主义法治理念教育”。

党的十八大报告与十八届四中全会《决定》具有重大而深远的指导意义，有关具体阐述为各个领域依法管理提供了行动指南。高教领域必然坚持和贯彻依法治国与依法行政方略，做到依法治教、依法治校、依法管理，以辅导员为

代表的大学生管理者，必须坚持和倡导法治。

一方面，充分发挥大学生思想政治教育作用，大力弘扬社会主义核心价值观，弘扬中华传统美德，重视发挥道德的教化作用，以道德滋养法治精神、强化道德对法治文化的支撑作用。

另一方面，更要认识到，若没有法治，道德容易失去底线和依托，大学生容易放松内心道德约束，突破社会道德底线，出现违规、违法乃至犯罪行为。大学生管理者要重视法治管理，注重规范作用，强化法律法规、校规对大学生道德修养的促进作用。

高校是培养和造就高素质法治人才的摇篮，如何开展社会主义法治教育，也必然是思想政治教育工作者面临的时代新课题。以辅导员为代表的大学生管理者要积极开展法治宣传教育，弘扬法治精神，树立法治理念，增强大学生学法、遵法、守法、用法意识。大学生管理者要提高法治思维与化解矛盾、维护稳定的能力，创新法治宣传方式，使社会主义法治精神真正进学校、进课堂、进头脑。

高校要培养德才兼备、全面发展的大学生，必然要承担起法律传播、法治教育的重任，必须做到依法治校、依法管理，实现大学生管理法治化。

中共中央、国务院 2017 年 2 月印发的《关于加强和改进新形势下高校思想政治工作的意见》为做好高校思想政治工作指明了前进方向。大学生管理者在日常思想政治教育和管理工作中，“两手抓，两手硬”，一方面努力发挥思想政治教育作用，重视大学生道德品质提升；另一方面，注重法治化管理，用校规、制度等规范学生行为，促进大学生健康成长。

### （二）德治与法治相结合辩证关系理论

目前，德治思想研究观点可以归纳如下：“‘以德治国’的基本主张就是‘政府以道德为手段治理国家’。德治强调的是一种民间治理，德治具有广义与狭义之分。‘广义的德治’，其核心不仅仅是强调要依靠、通过道德治理社会，更在于强调德规优于法规、道德高于法律。狭义上的德治是指，‘仅依靠道德在政治生活中发挥主导作用，来实施统治的国家控制战略’。德治首先是治官而非首先治民。”①

上述思想看到了德治的治理功用，但需要注意以下倾向和问题，德治与法治不等同于道德和法律的关系，德治强调其工具主义价值，在为政府统治或治理服务的同时，还应看到德治对公民权利终极性价值的不懈追求，重视德治思

① 王守法，吴大庆，万小妹. 学习执政理论，提高执政能力：执政能力建设领导干部学习读本 2[M]. 长春：吉林人民出版社，2004.

想的价值理性和信仰导向，看到德治是影响人们精神世界和生存方式的社会管理模式。

我们当前所谈德治，是思想政治教育范畴中的道德教育、道德教化、道德规范、道德引领等积极的“正能量”，是中国共产党借鉴中国历代德治之道的长处，吸取国外管理国家事务经验，教育引导人民提升道德品质和精神生活，有效管理国家事务的治国模式，是调整生活的规范体系，是一种文化形态和人生意义，更是道德价值的实现方式。我们承认德治与法治在行为基本准则、冲突解决方式、各自所属范畴、与人治关系等方面具有差异性，而且二者的差异，不仅表现在道德和法律范畴，更是体现在观念、规范、制度、秩序等层面中。

法治与德治的差异互补性构成了二者结合的逻辑前提，二者因差异而互补，因互补而需要结合。法治与德治的价值互补或重叠使结合具有了实践的合理性，二者在有些价值旨归上是一致、重叠的，只是在不同的文化场域下，形成了不同的表述和理解。在二者结合的方式上选择渗透式的板块型结构模式，即法治侧重行为规范层面，德治侧重精神价值层面，二者发挥自身价值。法治体现合理性、合法性、正义性，规范和限制权力，保护公民权利，维护社会秩序；德治为人提供精神皈依，为法治提供良好的思想、文化等环境。二者都以人的全面发展为根本目标和终极价值指向，二者都是实现社会控制，提升国家、社会治理的有效途径。德治与法治在新的时代有了新的诠释，具有了时代精神。德治与法治的结合是党和国家在治国理念上的贯彻落实，为国家、社会、公民的发展提出了价值目标、价值关怀和价值追求，是当下提升人们精神境界，健全法治建设的文化基础和重大举措。

简言之，德治与法治具有差异性与结合性。我们要充分认识到，法治是治国的根本方式，德治是治国不可缺少的重要条件，德治是法治的重要前提，而法治是德治的重要保障，克服两种片面性认识，摒弃“法律万能论”，克服“泛道德主义”。

法律不是万能的，无须国家行政、司法干预的领域，那是社会自治、自律和道德规范发生作用的场域与空间，无须法律和公权的介入，高度的法律化容易导致过分依赖法律，弱化道德力量，出现道德沦丧现象。“德、法并重是人类历史经验教训的总结”，法治与德治相结合是中共中央关于全面推进依法治国的需要，是践行社会主义核心价值观的需要。高校学生管理工作必然倡导德治和法治相结合的理念，必然运用德治与法治两种治理方式，要充分认识到法治和德治都是规范高校秩序的手段。

高校发挥思想政治教育作用，辅导员等高校学生管理者要注重德性修养，营造良好的道德氛围，用道德教化手段教育学生遵守法律，提高社会道德水平。高校学生管理者要高度重视道德对大学生的规范作用，大力推进大学生道德建设，培育“知荣辱、讲正气、做奉献、促和谐”的文明道德风尚，道德教育力量必然对大学生法治化管理有积极的促进作用，要运用德治调节大学生的思想和行为。

大学生道德状况主要依靠内心信仰、传统习惯和社会舆论等精神力量支持，一旦个别大学生丧失良知，道德教化便显得苍白无力，法治此时便发挥作用，用其权威性和强制性规范大学生的行为。所以，德法合并乃是现实中高校学生管理最为理想的方式，坚持德法并蓄，宽严相济，相得益彰。

## （三）构建社会主义和谐社会奋斗目标

党的十六届六中全会通过了《中共中央关于构建社会主义和谐社会若干重大问题的决定》（以下简称“《决定》”）。党的十六届六中全会《决定》指出：“社会和谐是中国特色社会主义的本质属性，是国家富强、民族振兴、人民幸福的重要保证，反映了建设富强民主文明和谐的社会主义现代化国家的内在要求，体现了全党全国各族人民的共同愿望。”“必须坚持以人为本，坚持科学发展，坚持改革开放，坚持民主法治，坚持正确处理改革发展稳定的关系，坚持在党的领导下全社会共同建设。”

可见，党的十六届六中全会《决定》已经把法治作为构建社会主义和谐社会重要原则的组成部分。我们面临的发展机遇与挑战并存，党要带领人民抓住机遇、应对挑战，必须把构建社会主义和谐社会摆在优先的地位。社会总体和谐不代表影响社会和谐的矛盾和问题不存在、不严重，构建社会主义和谐社会是一个不断化解社会矛盾的持续过程。

因此，我们要清醒地认识到构建社会主义和谐社会的总要求是民主法治、公平正义、诚信友爱、充满活力、安定有序、人与自然和谐相处。和谐，古今中外对其有不同的解读，“中国文化关于‘和谐’有四个向度：人与天的和谐，人与人的和谐，身与心的和谐，世代的人生存的时间与空间的协调”。

在美学领域，和谐即为至美；在哲学领域，和谐视为哲学的根本范畴，是一种平衡协调、对立合一的状态；在社会科学领域，和谐通常指一种社会理念，一种高级文明的生活生存方式，或一种结构性社会平衡；上述和谐思想，体现了美学本源、哲学基础与社会理念。在当前全面推进依法治国背景下，站在政治与法治视角诠释和谐法治的意蕴。党的十六大报告中阐述了“巩固和发展民主团结、生动活泼、安定和谐的政治局面”。党的十六大报告第一次将“社会更加和谐”作为重要目标提出。党的十六届四中全会提出了建设社会主义和谐社会这一重要的新概念，论述了构建社会主义和谐社会的重要性和紧迫性，提出指导思想、目标任务和原则以及各项有力措施。

党的十八届四中全会《中共中央关于全面推进依法治国若干重大问题的决定》（以下简称“《决定》”）将加快建设社会主义法治国家作为重要战略任务，十八届四中全会《决定》为和谐的法治与法治的和谐指明了方向与提供了保证。法治意蕴下的和谐就是法律面前人人平等，做到善待个人、社会与自然，以期实现三者之间的和谐，在依法治国方略和法治国家建设目标指引下，努力实现和谐法治。和谐法治以促进社会和谐、构建社会主义和谐社会为崇高价值目标，和谐法治以法治要素的和谐与协调发展为特征，和谐法治以立法、执法、司法、守法、普法等法律运行各个环节的协调发展为基本要件。

当代中国要以和谐作为法治的灵魂与核心理念，和谐社会对政治、经济、法律、道德等方面都提出了指向性要求。和谐社会是公民权利得到确认、维护和保障的社会，是道德风貌、法律素养全面提升的社会，是国内和平安定的社会。

社会主义和谐社会必然要求建立和谐高校与和谐校园，高校也以实现和谐为目标。和谐的高校是和谐社会的风向标，对实现和谐社会具有重要的引领和推动作用，而创建和谐高校、和谐校园要依靠思想政治教育和法治化管理，发挥大学生思想政治教育作用，引导大学生树立和谐理念，实现高校与大学生之间、教师与大学生之间、大学生个体之间关系的和谐。若上述群体之间有了不和谐的因素或纠纷，必然依靠法治解决纷争，必然依法依规办事，化解当事各方矛盾和危机，维护各方利益，维护和谐校园秩序。

高校作为人才培养的摇篮和输送基地，在构建和谐社会进程中扮演非常重要的角色，也以实现和谐高校作为建设的目标与要求。和谐高校要以法治审视和优化校园环境，注重以人为本，通过民主法治建设校园。从整个社会和谐环境考察来看，小环境和谐必然促进大环境和谐，每一个个体和谐必然实现整体的和谐，据此，师生关系和谐必然促进校园和谐，校园和谐进而促进教育和谐，教育和谐最终实现社会和谐。

和谐校园是内和外顺、协调发展的校园，形成以校园为纽带的各种教育要素全面、自由、协调、整体优化的育人氛围。和谐校园建设是为了师生员工的和谐发展，就根本目的来说就是为了大学生自由全面的发展，这也是高校学生管理法治化的最终诉求，大学生管理法治化遵从权利本位，尊重和维护大学生权利，这恰恰是和谐校园建设中人本思想的体现，是和谐校园建设的应有之意。

当前，在高校学生管理实践中，因为学生处分、学历学位授予的管理依据与程序等问题引发讼案的消息不绝于耳，这对大学校园的和谐产生了一定的影响。因此，要推进高校学生管理法治化，依法进行学生管理，克服高校学生管理工作人治化、随意化倾向，保护大学生自由与权利，促进校园和谐，进而推进与实现社会最终的和谐。

## 二、高校学生管理工作法治化的可行性

### （一）逐渐形成的法律法规体系

1. 高等教育法律法规

改革开放40多年来，我国高等教育法治化建设所取得的进展是非常显著的。从20世纪80年代开始，我国的教育法律体系框架和教育法律法规在不断地完善和发展，已经形成了高等教育法律制度体系。如《中华人民共和国学位条例》虽然只是属于单行条例，但是却是新中国成立以来的首部与教育相关的法律法规，其颁布于1980年，比我国现行的《中华人民共和国宪法》颁布和施行还要早两年。同样，《宪法》作为我国的第四部宪法，也是我国现行宪法，其第十九条明确规定了我国的教育制度，这说明了我国教育领域有了国家最具权威的法律做保障。1995年《中华人民共和国教育法》的颁布标志着我国教育领域进入了依法治校的新时期，随后在1998年通过的《中华人民共和国高等教育法》是高校进行管理的专门法律。

除此之外，我国还制定了相关的行政法规、暂行条例等，如《普通高等学校学生管理规定》也经过了数次的修订。2017年2月，教育部第41号令颁布了新修订的《普通高等学校学生管理规定》，该规定于2017年9月1日已经开始实施，这次修订更加凸显了高校管理法治化的地位，突出高校立德树人的根本要求，为学生创新创业提供制度支持，更加注重保护学生权益，促进学生自我管理以及推进了高校依法治校。

2. 自媒体网络相关法律法规

自20世纪80年代以来，我国就开始注重计算机及网络安全问题，并颁布了一系列法条、法规。1996年2月，国务院发出关于登记互联网计算机用户资料的通知，这使我国成为国际上较早加强互联网管理的国家之一。2000年12月，第九届全国人大常委会第十九次会议通过《关于维护互联网安全的决定》。2006年7月，国务院颁布《信息网络传播权保护条例》。2007年12月，中国信息产业部颁布了《互联网视听节目服务管理规定》，规定了网络视频从业者的从业资格。2015年8月，第十二届全国人大常委会第十六次会议通过《中

华人民共和国刑法修正案（九）》，对各类网络谣言的依法治理和处罚作出了明确的规定，这意味着网络造谣传谣情节严重的行为，可能构成刑事犯罪。2017，国家互联网信息办公室发布《全国人大常委会关于互联网新闻信息服务管理规定》。

我国在网络治理方面出台的互联网法律体系已经初步建立，由法律、行政法规和部门规章组成的三级规范体系正保护着互联网空间，而互联网法律体系的建立为自媒体环境中高校学生管理法治化建设提供了法律保障，对于高校学生管理法治化建设工作的顺利实施也起到巨大的推动作用。

### （二）司法救济已步入高校学生管理领域

随着我国全面依法治国方略的逐步实施，依法治校的进程也在加快，高校教育领域法律不断健全、完善。同时，相比于以往，学生的法律意识也有了很大的提升，学生在自身权利受到侵害时学会了运用法律的武器来保障自己的权益。高校与学生之间因管理活动而产生的各种纠纷呈现出不断上升的趋势，纵观近些年发生的一些高校与学生的法律纠纷案件，高校学生在学校侵犯其身体权、健康权、隐私权、名誉权等民事权利上，或者对其做出取消入学资格、取消考试资格、取消招生录取、降级处理、退学处理、开除学籍及不授予毕业证书或学位证书等教育行政处分的情况下，学生将高校诉至法院，通过运用法律手段维护自身的合法权益，从而不断促进高校管理的法治化、程序化。

另外，顺应自媒体的变革，各级司法机关也纷纷开通了官方微博和官方微信公众号。目前，全国大多数法院已经开通了官方微博，中高级人民法院微博庭审直播已经成为常态。通过全国各级法院的官方微博，可以看到法院要闻公告、裁判文书、审判流程、执行信息等诸多权威信息。这些各级司法机关自媒体的兴起，使公众能更加关注司法活动，更便捷地参与司法活动。[①] 同样，高校学生作为社会公民的重要构成群体，通过对司法机关自媒体平台的关注，能零距离地感受法律在司法活动中的应用过程，从而了解审判程序，增加法律知识，增强法律意识和法治观念。

### （三）部分高校依托自媒体推进学生管理法治化的实践探索

近年来，全国很多高校也在积极探索学生管理法治化的新途径，如开展法治教育、实施民主化的学生管理、创立法律纠纷非诉讼解决机制等，这些大胆的、创新性的尝试和探索取得了令人惊喜的效果。

---

① 王小梅，栗燕杰，张文广，等. 中国司法透明度（2011—2016）[M]. 北京：社会科学文献出版社，2017.

西南大学始终把法治教育放在学生培养工作的首要位置并且积累了丰富和宝贵的经验。线上线下法治宣传相结合：线上宣传通过运用微博、微信等自媒体平台配合电视、广播、报纸等传统媒体平台，如在自媒体公众平台上制作《法治中国》微信专刊、《法律职业人》电子杂志、《视界说法》《法眼看天下》等普法电子书和普法视频，从而全面多方位地提高法治教育力度；线下宣传通过成立“法治中国”大学生宣讲团，开展模拟法庭、专题讲座、普法情景剧等学生喜闻乐见、参与积极性高的活动形式来开展宣传。校内与校外宣传相结合：在校内，制定“六五”普法规划和年度普法计划，对学生和教师定期进行普法教育和普法考试；在校外，利用“12.4 宪法日”“3.15 消费者日”等具有法治意义的节日，开展进基层、社区、中小学等法治教育实践活动。

南开大学注重民主化的学生管理，如在校纪校规的制定方面，该校原来的《大学生手册》规定，“一学期积欠 14 学分以上或累计积欠 20 学分者，予以退学处理”，2003 年修改校规废止了退学制度，2009 年启动了学生管理工作调研活动，创新性的设立了学业警示制度，2010 年创立了处分期间制度；在校务公开方面，召开了校务公开管理工作互查会，并建立了校务云平台，搭建了一个让学生表达诉求的平台。

浙江工商大学在创立法律纠纷非诉讼解决机制上进行了探索，并开设不利处分听证会，目的是用非诉讼解决机制来解决学生管理工作中的法律纠纷问题。

# 第七章　高校学生管理工作法治化的路径

高校学生管理工作的法治化是法治理念在学生管理领域的深入应用，是法治环境、立法执法、司法监督等各要素的系统体现。高校应当从学生管理法律和规范制定、管理法治化的实施与监督等方面予以强化，不断营造法治氛围，在国家法律规范基础上，建立“自主性校规”和“介入性校规”相互补充的学校规范体系，突出法治正当程序要求，强化学生权益救济机制，建立民主监督机制。本章分为学生管理法律和规范制定的建议、学生管理法治化实施的建议、学生管理法治化监督的建议、学生管理法治化保障的建议四部分。主要内容包括：国家层面规范体系的完善、学校层面规范体系的完善等方面。

## 第一节　学生管理法律和规范的制定

### 一、国家层面规范体系的完善

#### （一）促使国家立法、执法和司法走向科学化、系统化

2020 年教育部发布《关于进一步加强高等学校法治工作的意见》指出强化依法治校、明确责任定位，全面推进高校依法治教、依法办学、依法治校，高等教育进入“依法治校”时代。随着经济社会不断发展，公民素质提升，社会个体权利意识逐渐觉醒，在法社会学视野下，高校学生管理工作涉及政治、经济、社会、文化诸多领域的复杂性社会问题，法社会学视野下开展高校学生管理工作法治化研究，就是要将法治贯穿“三全育人”的全过程，就是要在高校学生工作中实现高校管理法制体系完善和法治建设推进。下面，将从立法、执法、司法三个维度探析法社会学视野下高校学生管理工作法治化路径。

1. 立法

一方面，依法治校是高校校内外多主体参与的系统工作，在法社会学视野下对高校学生管理工作法律地位、对高校内部各权力主体参与学生管理涉及的

法律关系作出准确判定是制定有关高校学生管理工作规章制度的前提。

另一方面，高校学生管理工作法治化必须以不断变化的高校学生管理工作内容和要求为依据，以《中华人民共和国宪法》《中华人民共和国教育法》《普通高等学校学生管理规定》等为准绳，建立符合法律法规又具有新时代高校学生管理特色的规章制度，通过立体多维的制度尊重教育发展规律并营造公平、公正、和谐的校园环境，培养知行合一、德技双馨，德、智、体、美、劳全面发展的新时代大学生。

2. 执法

从纵向层面来说，用法治理念与法律方法进行学生管理是高校法治建设的必然要求，参与高校学生管理工作的部门和人员应该将管理理念由“单一治理”模式转变为高校校内外多主体参与、协商、合作的“共同治理”模式，通过多种途径全面提高参与高校学生管理工作人员的法律素养，在高校学生管理工作中做到“有法可依、有法必依、执法必严、违法必究”。

从横向层面而言，高校要引领校园法治文化建设，营造浓厚的法治氛围；在思想政治教育和学生管理工作中以社会主义核心价值观为引领，引导高校大学生认识法治的价值，树立正确法治观；要整合高校法治教育资源，完善高校法治教学体系，拓展学生法学知识广度；健全法治实践参与机制，提高学生的法治思维能力，增强法治教育实效性，弘扬法治精神，树立法律信仰，实现大学生法治素养全员、全方位、全过程的培养。

3. 司法

在法治国度，程序正义和实质正义共同实现方为良法之治。法谚有云“无救济即无权利”，有效的权利救济机制是确保依法治校的关键。从法社会学意义上来说，高校学生管理工作必须要有一套完整可执行的申诉监督程序，打破高校学生管理体制机制屏障，构建有序有效的法律认同和信任机制。

立足依法治教和依法治校的时代要求，可以适当在高校学生管理涉及的师生权益保护、校生纠纷中立处理等问题上引入第三方监督管理机制，在兼顾高校管理制度优化的同时保障师生正当权益，有效发挥高校学生管理工作法治化过程中各主体的主动权。

一所学校的法治审美是依法治校最高形式的表达。在法社会学视角下进行高校学生管理工作法治化研究，既要加强高校学生管理制度建设，健全高校师生权利救济机制，优化高校学生管理法治环境，更要有效提高高校学生管理工作法治化过程中各主体法律储备知识与运用能力。

高校学生管理工作法治化要“文火慢炖”，激励高校学生管理工作法治化过程中的各主体在法治教育中汲取，在法治活动中践行，在法治文化中浸润，在法治实践中坚守，全面推进中国特色社会主义法治建设。

### （二）建立健全学生维权救济制度和途径

学生对学校给予的处罚、处分有异议权、抗辩权和救济权，这也是正当程序的重要组成部分。高校应当依法依规设立学生维权、申诉处理委员会和办公室，制定相关制度、流程，对相关人员进行培训。遇到学生对学校给予的处分等不服、有异议，要鼓励、支持和协助他们向学校申诉处理委员会提出申诉，及时、有效地把矛盾、冲突、纠纷化解，保证学生的救济权和救济途径得到有效保障。

### （三）完善学生管理听证制度和监督制度

学生管理听证制度和监督制度对于维护学生的基本权益非常必要，体现了以人为本、依法民主管理的理念。在制定和发布实施与学生利益密切相关的政策和制度之前，必须按正常程序召开听证会，广泛征求学生的意见和建议，倾听他们的心声和想法，最大限度地吸收、满足他们的合理要求。这种安排有助于学生了解政策和制度制定的目的、作用，也体现了学生参政议政、履行监督的权利。同时这样的制度安排有利于管理者宣传自己的管理理念和主张，也给学生一个说话、争取权利的机会，使管理者和被管理者都能够从中获益，是个“双赢”的制度。另外，学生可以通过学生会等组织监督委员会，建立参政议政监督机制，行使学生参与管理和监督的权利和义务，学校要提供支持和协助。

## 二、学校层面规范体系的完善

### （一）建立健全和严格履行学生管理工作程序

高校的决策过程、管理流程、奖罚评定等应公开、公平、公正、合法、合理，要严格履行合法、正当程序。特别是对学生的处分应公开透明，应让学生明白错在哪里，同时也要说明处分的依据、法理，使学生容易理解、接受，吸取教训和改正。如学校在处罚、处分学生时，要注重事实，并有充足的证据，要按法定程序认真、充分听取学生的陈述、抗辩，为学生提供救济途径和协助。

### （二）德法共治思维指引新时代学生管理

即使在极力推崇尧舜施行德政、以德化民的上古时代，思想家们也仍然能够意识到德治的有限性，逐步建构出德法共治思维并使之成为数千年特有的治国理政传统。德法共治强调道德和法律在社会治理中的相互补充，主张以德服人，明德慎罚，德主刑辅或者德礼为本、刑罚为用，由此，“德法互补、共治”逐渐成为中国古代国家治理的成功经验。党和国家领导者高度重视德法共治，要求坚持依法治国和以德治国相结合，做到法治和德治相辅相成、相互促进。

习近平对德法共治的原理和必要性进行了经典阐述，“法律是成文的道德，道德是内心的法律。法律和道德都具有规范社会行为、调节社会关系、维护社会秩序的作用，在国家治理中都有其地位和功能。法安天下，德润人心。法律有效实施有赖于道德支持，道德践行也离不开法律约束。法治和德治不可分离、不可偏废，国家治理需要法律和道德协同发力”。

在社会主义条件下，以依法治国和以德治国相结合为特征的德法共治革除了传统社会治理方式的弊病，确立了社会治理的民主决策程序，以合乎公众意志的法规作为社会治理的基本遵循，以管理者以身作则、人与人互尊互爱等体现德性光辉的元素作为社会治理的重要保障，兼具法治的公正和德治的温暖，既保障底线秩序又弘扬高尚追求，必将为民族复兴和社会发展注入不竭动力。在教育改革过程中，新时代德法共治思维可以为构建兼具正当性和有效性的学生管理模型提供指引。

遵循德法共治思维，新时代学生管理应该统筹发挥法治与德治的优点，将依法管生和以德育生有机结合，以体现正义性和发展适宜性原则的学生管理规章作为学生管理的准绳，以体现师表示范和人本关怀的正面引导作为学生管理的日常运行方式，依托法规管制的刚性机制确立学生管理的基本格局，依托道德滋养的柔性机制落实学生管理的育人追求，推动学生成长为自觉自律的行动者。

1. 以法治为基准，构建符合民主、法治标准的学生管理规章

“以法治为基准”指将依据法规实施对学生的管理作为新时代学生管理的基本运行原则。在分析法治与德治的关系时，清华大学教授万俊人指出，“‘德治’与‘法治’的内在价值关系应当是相互配应和相互支持的价值资源互补关系”“就社会政治实践而言，法治无疑具有某种政治优先性”。

更确切地说，依法治国是我们建设社会主义民主制度的基础，所谓德治，是以法治的在先确立为前提的，只有首先建立必要而稳定的社会法治秩序，道德伦理规范才能真正充分发挥其作为一种社会治理方式的作用。这种关于法治与德治关系的观点提示我们，新时代学生管理必须有法可依，有章可循，将符合社会主义民主、法治标准的学生管理规章作为实现学生管理制度化、法制化

的基石。学生管理规章应该是完备的，法学研究主张，“法律规则由构成要件和法律后果构成”“法律规范向社会的渗透，主要以程序为桥梁……程序主要体现为按照一定的顺序、程式和步骤来作出法律决定的过程”。

据此，作为学校创制的“软法”，完备的学生管理规章应该包括如下要素：①学校对学生行为的要求，包括学校期望、鼓励、表彰的学生行为（倡导性规范）和不被学校许可的、禁止出现的学生行为（强制性规范）；②各种学生行为所对应的后果，包括对合规行为表达认可和赞赏的方式、对违规行为实施惩戒的方式；③学生管理的实施主体和实施方式，尤其是教育惩戒的实施程序、师生权益的救济方式及操作程序。学生管理规章应该是公开的，“公开透明是法治政府的基本特征”，公开学生管理规章对保障师生及广大人民群众“知情权、参与权、表达权、监督权具有重要意义”。

学校要健全学生管理事务的公开途径，通过印发《教师手册》《学生手册》《家校联系册》或者在校园网站开辟学校规章专栏等方式将相关制度及其执行情况广而告之。教育行政部门要发挥以评促建功能，将信息公开情况作为学校督导专项。学生管理规章的制定过程应该是合乎程序正义的。决策民主是公共政策程序正义的制度保障，其基本要求是公民以平等身份参与并决定决策。

遵循程序正义要求学生管理规章研制要以《中华人民共和国教育法》《中华人民共和国义务教育法》《中华人民共和国高等教育法》《中华人民共和国未成年人保护法》等法律为依据，将民主基础上的集中和集中指导下的民主相结合，一方面“广泛征求教职工、学生和学生父母或者其他监护人的意见”，落实多元主体共同参与，充分听取学生、家长、教师、学校管理者、教育行政部门以及社会公众意见；另一方面健全“家长委员会、教职工代表大会讨论”“校长办公会议审议”“主管教管部门备案”等环节，在充分考虑相关各方诉求的基础上制定出平衡社会期望、学校需要、师生权益的学生管理规章，使学校确立的学生管理方式既能保障教育教学秩序又能最大限度地尊重特定学段学生的成长特点、保护每位学生的受教育权。

2. *以德治为标识，全员全过程全方位实施正面引导*

“以德治为标识”指将教师关心、保护、支持学生成长作为新时代学生管理的日常运行方式。“法治是离不开德治的”，因为支撑法律体系的“基本的、总的指导思想和出发点，是具有道德意义的”“法律法规不可能给人的言行提供面面俱到的准绳……在法治治不到的地方，就要靠道德来调节”“无论什么样的法律，都是要靠人来建立、靠人来执行的……法治搞得好不好关键在人，关键在于有没有一批高素质的执法者”。

在学生管理过程中，教育者秉持高尚品德管教学生并且注重培养学生的道德品格，能够彰显学生管理的人本关怀，争取学生及公众对学生管理的尊重和拥护，减少围绕学生管理引发的家校冲突，有效降低学生管理的监督成本。

首先，教育者应该是受过良好教育的、值得信赖的。国家要全面加强师德建设，通过持续开展师德师风教育、严肃处理违反教师行为准则的案例、稳步改善教师待遇和工作条件、选树表彰教书育人楷模等做法，多措并举，打造“学高为师、身正为范”的高素质教师队伍，激发教师师德修养的自觉性，从源头上保障学生管理和全部教育教学活动中的道德“供给”。

其次，每位教师要从“教书”与“育人”相辅相成的角度全面理解教育者职责，自觉承担起支持学生道德社会化的育人使命。教师要参与制定、完善学校德育要求和学生管理规定的全过程，严格遵守教师职业道德准则和学生管理规章中的禁止性规范，在学生管理中杜绝出现侮辱学生人格、体罚或变相体罚学生等偏差行为；认真履行关爱学生、为人师表等倡导性规范，了解并尊重学生的成长特点和个体差异，养成注重师表示范、师爱感化、心理辅导、榜样激励、欣赏鼓励等积极学生管理习惯，努力为学生创设合乎规则、彰显支持、充满滋养的成长环境；认真观察、细致了解每一个学生（尤其是出现学业困难或者违规行为的学生），为学生提供力所能及的帮助，带领学生回归身心健康发展的正常轨道。

再次，学校要健全学生管理中的思想引导机制，培养学生自己管理自己的意识和能力。学校要克服对要求学生遵规守纪、严格按标准扣分等刚性方式的依赖，转而通过德育课和班团队活动等载体开展系统而生动的学生管理规章教学，利用公告栏、黑板报、校园广播等加强规章宣传和正面典型报道，引导学生体悟规则的价值和意义，做到“知其然”且“知其所以然”，在理解规则、认同规则的基础上遵守规则，实现认知、情感、行动相互支撑，逐步做到自主自制。

最后，学校要加强与家庭、社会机构的联系，构建家庭、学校、社会协同的育人共同体。尽早向家长传播以积极管教为主、以消极规训为辅的家庭教育理念，帮助家长掌握制定正当家庭规章、营造积极成长环境、担当子女成长榜样、开展正面亲子沟通、丰富家庭生活主题的有效方法并形成习惯。丰富与社会机构的交流，通过聘请社区优秀成员担任校外辅导员、举办校园开放日、组织学生开展社会实践和社区服务性劳动等方式，将“请进来”与“走出去”巧妙结合，吸引尽可能多的社区成员关心、支持、指导、督促学生养成健康、文明、进取的生活方式和行为习惯。

3. 以培养自律为宗旨，温和而坚定地实施教育惩戒

“以培养自律为宗旨”指以促进学生理性发展、培养学生道德自律作为新时代学生管理的最终目的。道德发展心理学研究表明，个体规则意识的形成是一个基于个体与环境相互作用的建构过程，如果引导个体对成长过程中所犯的错误加以反思、评价和改造，就能发挥促进道德观念建构、提高问题解决能力的积极作用；“违规即罪错”“有错就要罚”的思维和孤立的依赖奖惩的机械训练方法压制了学生的自主选择、探索和推理，不利于学生的理性发展。教师要增加对学生偏差行为的宽容度，加强对学生成长规律的研究，冷静地从学生自身和环境条件两个方面分析学生行为的成因，有的放矢地改善环境条件，采取包括对话、训练、奖惩在内的多种有针对性的措施，全方位指引学生的思想观念和行为方式，促使学生逐步“意识到道德规则的真正意义并且出于义务而自主遵行规则”，经由他律走向自律。中国社会学家涂尔干指出：“为纪律赋予权威的，并不是惩罚；而防止纪律丧失权威的，却是惩罚，如果允许违规行为不受惩罚，那么纪律的权威就会逐渐为违规行为所侵蚀。”

由此可见，惩戒是完备的学生管理规章的必要元素，是维护学生管理规章权威性的必要安排，也是为达到促进学生发展这一良善目标而不得不实施的“恶”。在运用教育惩戒这一典型的法治手段时，教师尤其要在细节处落实德法共治，使依法依规惩戒学生的过程体现教师的高尚品德和真挚师爱，实施要点可以概括为温和而坚定。温和意味着尽可能少地采用惩戒方法，在不得不实施惩戒时优先选择对学生侵害最小的惩戒方式。坚定意味着前后一贯，常抓不懈；公平合理，一视同仁。教师要细致观察学生，做好对学生不当言行的早期识别，开展有针对性的指导、帮助、纠正；尽最大可能把违规学生保留在教室、校园内，减少惩戒对学生受教育权及其他权益的伤害；做好惩戒过程中的人本关怀，及时识别学生在经受惩戒时的恐惧、愤怒、无助等心理波动，警惕惩戒可能引发的消极后果。教师要提升教育惩戒和学生管理智慧，突破板起面孔说教的传统形式，积极引入情景模拟、角色体验、伙伴教育、团体辅导等新颖形式，力争通过较低强度的教育惩戒发挥尽可能大的教育功能，促使学生尽快改过迁善，转变思想观念和行为方式。

## （三）通过宣传教育等有效渠道普及大学生的法律知识

加强对学生的指导和引领，强化学生“自我教育”，培养自主意识，增强

自我约束能力，真正对自己的行为负责。促进高校学生管理工作以学校管理为主逐渐向以学生自主管理为主转变，促使学生认识到自己责任、与学校之间的法律关系，清楚自己的权利与义务，维护自己的合法权利。

## 第二节　学生管理法治化的实施

### 一、深化学生管理法治环境建设

#### （一）强化高校学生法治化管理的理念

1. 应强调从管理学生转向服务学生的理念

传统观点认为，高校与学生二者之间是管理者与被管理者的对立关系，随着社会的发展，高校与学生之间形成了集教育、管理、服务于一体的新型关系。高校作为教育、管理、服务行为的实施者应从学生现实需要出发，践行以学生为本的管理理念，积极转变自身角色，强化学生管理工作的服务意识，不断完善服务功能，通过突出学生主体地位来提高学生参与学校管理工作的积极性。强调以生为本，必须尊重学生，强化服务意识。高校学生管理必须从单纯的强制管理向强制管理与人性服务相结合转变，此转变并不意味着要削弱高校的管理职能，而是为了弥补强制管理在以育人为本的高校人才培养过程中所无法实现的功能，通过强制管理和人性服务的结合，刚柔并济，将管理和服务最终都落脚到促进学生全面发展这一终极目标上来。以生为本要求高校在管理与服务过程中必须重视学生的个性，把发展学生个性、培养学生创新精神放在突出位置。

2. 应强调从约束学生行为转向保障学生权益的理念

高校学生管理工作法治化的直接目的是保护被管理学生的权利，学生作为自然人兼具受教育者和公民的双重主体身份，他们既与学校发生教育行政法律关系拥有行政权力，也与学校产生平等主体的民事法律关系拥有民事权利，更有作为普通公民应当享受的受教育权等一些公民基本权利，这些权利是任何组织和个人不得侵犯的。高校必须逐步改变对学生地位的认识，充分意识到学生不再是单纯的管理对象，更是众多民事与行政权力的主体，必须以维护学生的法定权利为出发点，不断增强教育管理行为的规范性。

### （二）营造法治化管理的环境氛围

学生管理工作法治化的重点在于学校作为管理者要转变观念，要以法律意识、法律观念来实施所有的管理行为；学生要有民主意识和法律意识，积极发挥学校主人翁的作用，要用法律意识和思维来评判和参与学校的管理。高等学校要积极落实全面依法治国在依法治校方面的要求，要把法律课程列为高校学生必修课，做到法律知识进人才培养方案、进教学计划、进教学课堂的“三进”，做到法律课程教材、法律授课教师、法制辅导员三落实。

## 二、规范学生管理正当程序

一般情况下学生管理正当程序应当包含学生管理制度的公布与解释、具体管理行为的告知、听取学生（管理相对人）的意见与想法、学生管理行为的理由说明、接受学生申诉救济等基本内容。在实现学生管理法律、制度充足完备这一法治化管理前提下，如何做到有法（规章）必依？针对学生和教职工进行的制度学习与解释是有效推动法治化管理的必备环节，是学校实施具体管理行为的依据，有助于提高师生法治意识，无形中推进法治化进程；管理行为的告知，要求高校实施管理行为须通过一定程序向学生相对人进行展示，确保学生知晓管理行为，管理行为告知应包括管理事项、管理决定及其理由、救济等具体内容；听取当事人意见在学校制定学生管理具体制度与政策、对学生实施不利或影响其权益的处置行为时尤其重要，是必经程序；说明管理行为的理由，指在学校作出对学生合法权益产生不利影响的行为时，必须说明事实根据和制度依据，既是对学生权益的保护，也是弥补学生弱势地位，构建形成学校、学生二者平等地位的程序要求。

# 第三节　学生管理法治化的监督

## 一、学生管理“立法”的监督

根据高校学生管理规范的分类，“立法”监督应当包括国家层面立法的监督和高校内部“立法”的监督。在此主要分析校内规范制定的监督。高校内部层面学生管理自治规范的制定即是校内立法的过程，要真正做到校内的“科学立法、民主立法、依法立法”，除了对立法工作提出制定标准与流程外，对立法工作本身的监督也必不可少。一是对校内立法者立法能力的监督，要监督校内立法的参与者是否具备相应的公文和法律文书写作能力，是否熟悉教育法律规范，是否掌握一定的学生管理经验；二是要监督立法过程是否执行了既定的学生管理制度建设规范标准和法定程序，是否严格执行了调研起草、民主征求意见、审查审稿、审议通过、公告发布等基本程序，是否落实了学生参与的民主机制。

## 二、学生管理“执法”的监督

一是要对管理行为的主体进行监督，监督其是否主体适格，要监督其是否属于有权做出该类管理行为的主体，要监督其是否属于能做出该等级管理决定的主体，防止发生无权管理、越权处理的情形。

二是要对管理主体运用法律规范和自治规范是否适当进行监督。要监督管理主体适用规范性文件是否准确，适用规范性文件的条款是否准确，是否与事实相符，是否符合管理行为自由裁量的限度范围。

## 三、学生管理“救济”的监督

救济是权益受损主体运用法治武器保护自己的最后手段，有权利必有救济，无救济的权利是无保障的权利，但若空有救济的形式，无法发挥救济的实质效用，权益主体最后的法治武器将会失去意义，权益保障也名存实亡。因此救济的监督是避免权益人权益受损的最后一道防线，是权益主体最后的保护伞，也是管理法治化体系的重要构成。根据高校学生管理救济方式自身的分类，监督也可分为行政救济的监督、司法救济的监督和调解救济的监督等形式。

对于行政申诉救济的监督，基于高校现状，一是要监督高校是否建立了申诉救济机制，是否明确了救济受理机构和受理范围，是否形成规范的工作规则；二是监督救济机构是否能正确履行职能，是否能真正发挥维持公平与正义的作用，还是纯属作为学生发泄不满情绪、缓解双方矛盾的机构。对于司法途径的诉讼救济，目前普遍认为还需要进一步梳理好司法救济介入教育教学管理行为的限度问题。

通常认为，对于高校因学生违纪原因实施行政权力的管理行为，司法介入的广度和深度要更加全面，而对于高校因学生学业与学术评价等原因实施的学术权力的管理行为，司法介入应该只能是管理行为的程序要求，而非实体性评价。因此，诉讼救济的监督主要围绕矛盾冲突是否属于司法救济范围以及诉讼活动本身是否符合实体正义和程序正义的要求展开。调解救济的监督主要是监督双方是否是真实意思的表示，是否存在欺诈、隐瞒或显失公平的情形。

## 第四节　学生管理法治化的保障

### 一、始终坚持党的领导

党的领导和社会主义法治是一致的，社会主义法治必须坚持党的领导，党的领导必须依靠社会主义法治。我国高校实行党委领导下的校长负责制，党的领导是实现高校学生管理法治化体系的保障。《依法治教实施纲要（2016—2020年）》强调要坚持依法治国与以德治国相结合，坚持从中国实际出发，切实加强党对教育工作和学校工作的领导，坚持依法行政、依法治校。高校办学根本问题是培养什么人和怎样培养人。这个目标任务如果没有党委宏观把握，大学的办学方向就会迷失。因此，在深化高等教育改革过程中，推进依法治校就不能弱化党的领导，必须旗帜鲜明地把党的领导与依法治校统一起来。

### 二、加强法治化管理队伍建设

在校内自治规范制定活动中，基于对学生权益影响的重要性，对于“介入性校规”，即带有行政色彩的规范性文件的制定必须要有法律专业人才的参与，而且该类制度的制定实施校内进行专业审查实为必要，司法审查可以在诉讼活动中附带进行。在校内审查活动中必须有专业法律人士参与、论证，要确保制度本身的合法性、合理性，防止法治化建设的源头错误。

在自治规范具体适用调整学校和学生关系时，因为学生管理队伍更多为教育领域专业人员，一般情况下不应做法律专业的过多要求，但是在涉及学生重要权利或重大利益的处置活动中必须谨慎对待。例如关于学生处分决定、学籍处理、学业评价、学位授予等活动中要作出对学生不利的决定时，必须要有专业的人士参与，以保证活动过程实体正义和程序正当都能符合法治要求。①

### 三、加强校园法治文化建设

高校学生管理工作法治化需要校园法治文化的保障，法治文化既包括师生意识隐性文化，还包括校园环境、制度等显性文化。全校师生要遵法守法，让法治文化成为推动高校法治管理的内生动力和行为规矩。十八届四中全会强调“必须弘扬社会主义法治精神，建设社会主义法治文化，增强全社会厉行法治的积极性和主动性，形成守法光荣、违法可耻的社会氛围，使全体人民都成为

---

① 孙华.我国公立高等学校治理模式的嬗变[J].辽宁教育行政学院学报，2010，27（05）：35-37.

社会主义法治的忠实崇尚者、自觉遵守者、坚定捍卫者。”

高校法治文化建设的目标是通过一系列教育、宣传、实践、体验活动让广大师生强化法治观念，形成法治信仰。高校要通过教学课堂、专题班会、讲座报告、政策宣讲等多种方式深入开展师生法治教育。高校法治文化建设还应注重显性环境的熏陶与营造，可以通过张贴法治标语、设置法治展板、建设法治文化长廊、文化墙、文化柱、文化广场等方式加强文化传播阵地建设。

高校还可以打造法治文化品牌活动，充分发挥素质教育课程体系激励作用，通过学生社团和社会实践，鼓励创作法治为主题的文艺作品，选取消费者权益日、知识产权日等法治教育重要时间节点，打造“普法剧场”“模拟法庭”“寻找宪法日青年”等法治教育品牌活动，同学在法治实践教育活动学分课程，获得学分认证的同时，进一步扩大法治宣传教育活动成果，在师生中形成较大影响，无形中增强师生法治的道德底蕴，强化法治规则意识。

## 四、将考核机制法制化

党的领导为高校学生管理工作法治化提供了坚强的政治保障，校园法治文化为高校学生管理工作法治化提供了微观的法治环境，专业的法治人才队伍为高校学生管理工作法治化建设提供了人才支持，完备的校内自治规范、正当高效的法治执行、严密的法治监督，从立法、执行、救济、监督各环节全面推动高校法治化建设的正常轨道。在高校这个基层组织，除了常规的日常工作年度考核外，考核评价也是推动重点任务、重点工程、重点项目的重要措施。

将高校学生管理工作法治化纳入学院重点工程进行专项考核、将学生管理法治化纳入学生工作专项考核必将对高校学生管理法治化进程提供充分的动力和压力保障。

将学生管理法治化情况纳入学生工作专项考核，制定学院学生管理法治体系建设指标，从自治规范的完备性、合法性对“立法”工作进行评价，从学生管理具体行为的准确性、程序正当性、学生满意度等方面对“执法”工作进行评价，将学生申诉情况纳入监督评价体系，将法治文化宣传教育活动和成效、法治文化环境和师生法治理论水平建设纳入法治保障评价体系，通过专项考核和年度考核形成高校学生管理法治化的状态数据，通过数据对比促进各单位法治建设工作水平。

将领导干部法治化推进情况纳入领导干部年度考核，将领导干部落实建设责任、传递建设压力、分析研究建设形势、部署建设任务、开展校内自治规范的“废、改、立”等工作，严格按照自治规范行使职权等情况纳入领导干部考核排名，增加考核结论在干部聘任和提升工作中的力度。

重点加大对党员干部违反工作制度、违反自治规则来实施学生管理行为的查处惩治力度，对于按照规则应为而不为，不应为而为，以及越权而为，滥用职权进行学生管理的行为，严格按照《中国共产党共产党纪律处分条例》等法纪规章进行处理。对于影响教师形象，违反规矩破坏法治秩序的行为及时进行通报警示，为高校学生管理法治化建设提供坚强的纪律保障。

# 参考文献


[1] 教育部高校学生司．高等教育学历问题咨询手册 [M]．北京：首都师范大学出版社，1999．

[2] 顾明远，申杲华．学校学生管理运作全书 [M]．北京：开明出版社，2000．

[3] 法律出版社法规中心．教育法律手册：常用法律手册系列 [M]．北京：法律出版社，2005．

[4] 倪培强．中国化的马克思主义研究 [M]．乌鲁木齐：新疆科学技术出版社，2006．

[5] 教育部高校学生司．中国高等教育学生管理规章大全（1950—2006 年）[M]．北京：首都师范大学出版社，2007．

[6] 孙建京．应用型大学教学体系与实践教学基地研究 [M]．北京：中国电力出版社，2007．

[7] 尹冬梅，丁力．中国当代高校学生组织研究 [M]．北京：时事出版社，2008．

[8] 李太平．普及与提高：中国初等教育 60 年 [M]．杭州：浙江大学出版社，2009．

[9] 冯培．中国高校学生事务管理模式创新 [M]．北京：中国人民大学出版社，2009．

[10] 王增国．现代高校学生事务管理理论及案例研究 [M]．徐州：中国矿业大学出版社，2011．

[11] 姜正国，范大平，杨国辉．全球化背景下的高校思想政治教育创新研究 [M]．长沙：湖南人民出版社，2011．

[12] 宋友荔，张丹．高等教育法规概论 [M]．南昌：江西高校出版社，2011．

[13] 陈立鹏，等．大学章程研究：理论与实践的探索 [M]．北京：北京师范大学出版社，2012．

[14] 林静，陶爱萍．普通高校学籍管理制度建设研究 [M]．杭州：浙江大学出版社，2012.

[15] 钟贞山．权益诉求视域中的大学生管理法治化研究 [M]．南昌：江西人民出版社，2012.

[16] 王金祥．高校学生管理工作研究 [M]．沈阳：辽宁大学出版社，2012.

[17] 王炳照，李国均，阎国华．中国教育通史·中华人民共和国卷（下）[M]．北京：北京师范大学出版社，2013.

[18] 高耀明．大学生学习问题研究 [M]．上海：学林出版社，2013.

[19] 储祖旺，李祖超．高校学生事务管理模式创新 [M]．武汉：中国地质大学出版社，2015.

[20] 刘筱彤．大学生高校管理参与权研究 [M]．武汉：中国地质大学出版社，2015.

[21] 王新峰，盛馨．信息化思维下的高校学生管理 [M]．长春：吉林文史出版社，2016.

[22] 曾瑜，邱燕，王艳碧．高校学生管理工作法治化研究 [M]．成都：西南交通大学出版社，2016.

[23] 王瑛．高校学生管理创新模式研究 [M]．长春：吉林大学出版社，2016.

[24] 李熙．互联网 + 时代高校学生管理模式的转变及创新 [M]．长春：东北师范大学出版社，2017.

[25] 袁祖社．马克思主义人学理论与社会发展探究 [M]．北京：人民出版社，2016.

[26] 陆岸，董召勤，钱春芸．高校学生工作法治化研究 [M]．苏州：苏州大学出版社，2017.

[27] 童文胜．高校学生事务管理工作研究与思考 [M]．武汉：华中科技大学出版社，2017.

[28] 许勇．高校辅导员工作思考与实践 [M]．沈阳：东北大学出版社，2017.

[29] 唐杰．人力资源管理理论在高校学生管理中的应用研究 [M]．成都：电子科技大学出版社，2018.

[30] 张浩．开放兴邦：新时代中国特色社会主义对外开放思想 [M]．北京：人民出版社，2018.

[31] 胡睿. 新时代大学生管理工作的探索与实践路径 [M]. 北京：中国水利水电出版社，2019.

[32] 孙小龙，沈红艳，江玲玲. 国际视野下高校学生事务管理发展研究 [M]. 北京：中国书籍出版社，2019.

[33] 李玲. 高校学生管理工作创新研究 [M]. 长春：吉林人民出版社，2019.

[34] 孙华. 我国公立高等学校治理模式的嬗变 [J]. 辽宁教育行政学院学报，2010，27（05）：35-37.

[35] 杨路林，刘倩. 浅谈“互联网 +”环境下高校学生管理工作创新路径 [J]. 农家参谋，2020（23）：285.

[36] 李逸. 基于智慧校园建设的高校学生管理工作问题及改善策略研究 [J]. 教育教学论坛，2020（42）：23-24.

[37] 刘琬. 大数据背景下高校学生管理工作创新分析 [J]. 创新创业理论研究与实践，2020，3（19）：184-185.

[38] 程天乐，白琼. 高校学生管理法治化问题的完善与思考 [J]. 法制博览，2020（27）：149-150.

[39] 王盛. 高校学生管理法治化的理性思考分析 [J]. 公关世界，2020（10）：36-38.

[40] 李骄阳，燕新华. 自媒体时代大学生网络语言环境的净化与引导 [J]. 声屏世界，2020（07）：104-106.

[41] 孙晶. 浅析高校学生管理的法治化困境 [J]. 文化创新比较研究，2019，3（29）：146-147.

[42] 张辉灿. 浅析高校学生管理工作法治思维 [J]. 湖北成人教育学院学报，2019，25（04）：51-53.

[43] 廖康廷. 依法治校背景下高校学生管理法治化问题研究 [J]. 现代农业研究，2019（05）：99-100.

[44] 任艳丽. 新时代高校学生管理的法治化分析与探讨 [J]. 法制博览，2019（12）：205-206.

[45] 裴纪平，李清. 高校学生管理法治化现状分析 [J]. 职教通讯，2017（11）：62-64.

